趙少咸文集

趙少咸 批注

手批古書疑義舉例

中華書局

圖書在版編目(CIP)數據

手批古書疑義舉例/趙少咸批注. —北京:中華書局,2016.4
(趙少咸文集)
ISBN 978-7-101-11617-5

Ⅰ.手… Ⅱ.趙… Ⅲ.①古漢語-語法-研究②《古書疑義舉例》-注釋 Ⅳ.H141

中國版本圖書館 CIP 數據核字(2016)第 048538 號

趙少咸文集
手批古書疑義舉例
趙少咸 批注
*
中 華 書 局 出 版 發 行
(北京市豐臺區太平橋西里 38 號 100073)
http://www.zhbc.com.cn
E-mail:zhbc@zhbc.com.cn
北京市白帆印務有限公司印刷
*
700×1000 毫米 1/16 · 14 印張 · 2 插頁
2016 年 4 月北京第 1 版 2016 年 4 月北京第 1 次印刷
印數:1-1500 册 定價:48.00 元

ISBN 978-7-101-11617-5

出版説明

趙少咸（一八八四——一九六六），字世忠，我國傑出的語言學家。

趙少咸先生雖然著述豐富，但因爲戰亂和「文革」，其公開發表的作品並不多。上世紀八十年代，趙先生家屬和學生開始搜集、整理其遺稿，得《廣韻疏證》《經典釋文集説附箋殘卷》《詩韻譜》《手批古書疑義舉例》《增修互注禮部韻略校記》《唐寫本切韻殘卷校記》《唐寫本王仁昫刊謬補缺切韻校記》《敦煌掇瑣本切韻校記》《故宫博物院王仁昫切韻校記》《唐寫本唐韻校記》《趙少咸論文集》等。我們則自行訪得《古今切語表》的刊本。

這些書稿有的爲先生及學生手稿，有的爲先生哲嗣趙呂甫整理稿，水平不一，除論文集進行了加工整理外，其他的我們采取影印的辦法，將趙先生的作品共十一種一次推出，《廣韻疏證》前不久已由巴蜀書社出版，此次不納入文集。

此次出版，得趙振鐸、趙振錕先生的大力支持，在此謹致以誠摯的謝意！

中華書局編輯部

二〇一五年十二月

目録

序

成都趙少咸先生者，近世小學之大師也。一九三五年秋，中央大學教授蘄春黄季剛卒于位，吴汪公旭初方主中國語言文學系，夙知先生殫精潛研，妙達神旨，以爲繼黄公而以音韻文字訓詁之學授諸生者，惟先生其選，遂禮聘焉。清寂翁詩云：「趙君别我東南行，南雍博士來相迎。垂帷著述不炫世，蜀學沈冥人自惊。」即詠其事也。

余與先生女夫郫殷石臞同門相友善，及先生至金陵，因肅謁。中日戰起，先生返鄉。余亦轉徙數年後流寓成都，以先生紹介，得承乏四川大學講席。蜀中名德勝流，以其遠來，每樂與接，而先生尤善遇之，所以飲食教誨之者甚至。犹憶余偶舉揚子《方言》代語之義，質其所疑。先生爲反復陳説，娓娓數百言；犹恐其未了也，翌日别作箋諭之。蓋其誨人不倦，出自天性有如是者。抗戰云終，余出峽東歸，其後屢經世變，踪迹漸疏，然數十年前侍坐請益之樂，固時往來于胸臆。

先生平時著述凡數百萬言，于《經典释文》《廣韻》二書，用力尤劬，詳校博考，各爲疏證，下逮段懋堂，周春兮之纂述，亦皆辯以公心，評其得失。蓋自乾嘉以來三百年中，爲斯學既精且專，先生一人而已。

先生既返道山，哲嗣幼文、吕甫及文孙振鐸諸君，护持遺著，兢兢恐有失墜，故中歷浩劫而大體完好。今者將次第印行。吕甫來告，命序其端。余于小學懵无所知，虽間讀先生之書，而如翹首以瞻石廩祝融，但嗟峻極，不敢贊辞。然亦幸先生之學，由子姓門人整齊傳布，終得光大于天下後世。因略陳所懷，以復于君，殊不敢言爲先生遺著序也。

一九九〇年六月，門下士程千帆敬題

趙少咸生平簡介

趙先生諱少咸（一八八四——一九六六），字世忠，成都人，祖籍安徽休寧。先生四歲發蒙，習《孝經》《爾雅》等，八歲入私塾習四書五經，後就學于成都名儒祝念和。

祝念和是貴州獨山莫友芝的學生，具反清復明思想。在祝念和的指導下，先生「閱讀的書籍由四書五經逐漸轉移到明末的遺民文學作品」（先生語〔一〕）。

一九〇四年，先生考入四川高等學堂就讀。期間，隨着社會接觸面的增大，接受了當時的新思想，尤其是「孫中山、章炳麟的革命理論」，「于是初步對于滿清王朝有了一些認識，同時也開始培養起反清復漢的狹隘民族主義的思想」（先生語）。

一九〇五年，先生與謝慧生、盧師諦、張培爵、黄復生、徐可亭、饒炎、蕭參、祝同曾、李植、許先甲、劉泳闓等人組成「乙辛社」，「以推倒滿清政府爲目的」，外人謂之「小團體」。先生在成都會府東街的住宅也成爲了團體成員集會的地點。该團體後成爲孫中山先生領導的同盟會的一部分。

「一九一一年十月初二，重慶獨立，即由張培爵等號召成立軍政府。當時川東、川南軍政内外大小職務用團體内的人爲多」（先生語）。

〔一〕 文中所引先生語皆摘自上世紀五十年代初先生寫于四川大學中文系的《自傳》中。

袁世凱篡位後，先生等乙辛社成員旋即加入討袁的鬥爭中。一九一三年，討袁軍敗，團體成員多亡命上海、南洋諸地，先生留于成都家中。一九一四年，團體成員薛仁珊從上海返回重慶，爲軍警逮捕，軍警在其日記裏發現先生在成都的住處。是年中秋，成都將軍胡文瀾下令逮捕先生。是日，先生被捕并被关押于陸軍監獄。兩个多月後，終因灌罪無據加之街鄰親友具保而獲釋。

先生早年受章太炎學術思想影響很深，在獄中時，朝夕僅得《說文解字》一書，默誦心識，暫忘痛苦。「我早年便很敬佩章太炎的學問文章和革命精神，平時也就喜歡翻閱他的著述，到了此時，便開始文字音韻學的專研了」。這是先生從一个民主革命者轉向語言文字學者、教育工作者之始。

一九一八年，先生在成都聯合中學、省立第一師範教授《說文解字》。繼而又執教于第一女子師範、華陽縣中學、成都縣中學、省立第一中學。一九二二年，執教于成都高等師範。一九二八年，執教于公立四川大學。一九三七年，執教于中央大學。一九四三年，執教于四川大學，兼任中文系主任、文科研究所導師。解放後，繼續執教于四川大學直至去世。

先生教書育人，作爲一个教育工作者，他把自己一生的心血都傾注在學生身上，殷切希望更多的學生能爲傳播祖國文化而打下堅實的基礎。先生的學生余行達生前曾回憶道：「一九四三年先生兼四川大學中文系主任時，我是他指導的研究生兼助教，常常要我通知中文系同學，把他規定閱讀的四史帶來系主任辦公室，親自檢查斷句情况，解析疑難。至于他指導的研究生，必須按月交呈作業，連寒暑假也不例外。」先生尤其注重培養英才，從上世紀二十年代起，李一氓、徐仁甫、殷孟倫、殷煥先、李孝定、周法高、余行達、易雲秋等都深受先生教導和器重。據殷孟倫、余行達等生前回憶：先生曾在自己住宅裏專闢一間小教室，備有黑板、桌几，開办免費講習班，經常利用星期天在此對他们專施教誨。這一批人以後都成爲了漢語言文字學界的佼佼者。時爲四川大學講師的余行達、易雲秋二人，因曾參加过國民党三青團，解放後被開除公職遣返回原籍。先生因愛其才，惜其才無用武之地，甘願冒着一定的政治風險，于一九五三、一九五四年分别將二人邀至家中協助他編撰《廣韻疏證》《經典釋文集説附箋》二書，直至一九六二年二書編撰完成。并每月從自己的工資中拿出七十餘元付與二人作爲他们的生活費，時間长達二年之久，爾後改由四川大學支付二人工資。

先生治學勤奮，數十年如一日。及至垂暮之年，尚未有絲毫懈怠。他在上世紀五十年代所作的《如何讀〈經典釋文〉》一文中寫道：「我以垂暮餘年，精力智慧，素不如人，今更衰退，還想整理經籍舊音，會粹前人所説，審别其是非，似近輕妄。昔賢曾説『一息尚存，此志不容少懈』。我敢不竭盡自己一點淺薄技能，寫出素來積蓄，請教于當代治斯學者，得到批評，實所至願。」《廣韻疏證》《經典釋文集説附箋》這兩部各近三百萬字的巨著即先生經數十年的潛心研究，而在耄耋之年編撰完成的。

先生生平著述甚多，除上述《廣韻疏證》《經典釋文集説附箋》兩部代表作外，尚有著述近二十餘种。然一九六六年「文革」開始，十月，先生的家被紅衛兵所抄，所有書籍、手稿被洗劫盡淨，頓時「玄亭論字淪牛鬼，廣韻成疏没草蕪」[一]。十二月二十日，先生飲恨辭世。

[一] 引自先生學生鍾樹梁《過將軍街趙少咸師故宅》詩：「趙公故宅盡泥塗，來弔先生立巷隅。道上競馳公子馬，牆頭不見丈人烏。玄亭論字淪牛鬼，廣韻成疏没草蕪。手捧雪冰當酒醴，高天厚地胡爲乎。」

「文革」結束後，先生的書籍、手稿得以部分退還，但皆殘破不堪，少有完整者。若《廣韻疏證》《經典釋文集説附箋》，原一爲二十八本，一爲三十本，而幸存者各不及十本。其他如《説文解字集注》、四十卷《校刻荀子附考證》《校刻四聲切韻表》等手稿則已全部遺失（後二种爲自刻本）。

爲避免先生的畢生心血付之東流，上世紀八十年代末，學生余行達、易雲秋、趙吕甫等人著手整理先生遺著。費時數年，整理完成《廣韻疏證》。先生嗣子趙吕甫更以十載之力，整理完成《趙少咸論文集》。遺憾的是，先生的另一巨著《經典釋文集説附箋》終未能整理復原。

此次蒙中華書局厚愛，《趙少咸文集》得以出版，了却了先生的遺願，先生的在天之靈聊得以告慰。

趙振鋁　趙振銑

二〇一三年十月

俞曲園先生著

古書疑義舉例

豫波書

板藏雙
江李氏
念劬堂

古書疑義舉例序目

夫周秦兩漢至於今遠矣執今人尋行數墨之文法而以讀周秦兩漢之書譬猶執山野之夫而與言甘泉建章之巨麗也夫自大小篆而隸書而眞書自竹簡而縑素而紙其爲變也屢矣執今日傳刻之書而以爲是古人之眞本譬猶聞人言筍可食歸而煮其簀也嗟夫此古書疑義所以日滋也歟竊不自揆剌取九經諸子爲古書疑義舉例七卷使童蒙之子習知其例有所據依或亦讀書之一助乎若夫大雅君子固無取乎此俞樾記

字

古書疑義舉例一

[redacted]

上下文異字同義例

上下文同字異義例

倒句例　此本釋詞

倒序例

錯綜成文例

參互見義例

兩事連類而竝稱例

兩義傳疑而竝存例

兩語似平而實側例

兩句似異而實同例

繁省

古書疑義舉例二

本釋詞

此本述聞上文因下而省

古書疑義舉例三

辨名

论词

語詞複用例　此本釋词

句中用虛字例　此本釋词

上下文變換虛字例　此本釋词

反言省乎字例

助語用不字例

也邪通用例　補釋词

雖唯通用例　補釋词

句尾用故字例

句首用焉字例　此本釋词

古書發端之詞例　此本釋词　有補

古書連及之詞例　此本釋词　有補

此言衍奪

古書疑義舉例五

兩字義同而衍例

兩字形似而衍例

涉上下文而衍例

涉注文而衍例

涉注文而誤例

以注說改正文例

以旁記字入正文例

因誤衍而誤刪例

因誤衍而誤倒例

因誤奪而誤補例

此本述聞衍文條　如輪輻三十以象日月也　衍日字

此本述聞後人改注疏釋文條而析為三

此本述聞衍文條

此本述闕衍文條

因誤字而誤改例

一字誤爲二字例

二字誤爲一字例

重文作二畫而致誤例

重文不省而致誤例

闕字作空圍而致誤例

本無闕文而誤加空圍例

古書疑義舉例六

上下兩句互誤例

上下兩句易置例

字以兩句相連而誤疊例

句

论误

此本述聞形譌條
此本述聞經文假借條
此本述聞經傳平列二字上下同義條
此本述聞上下相因而誤條

此本述聞經義不同不可强為之說條

焦理堂云仕与士古多通用

孔曰知其賢而不舉是爲竊位朱注与立謂与之並立於朝段注位下云按小宗伯掌神位故書位作立古文春秋公即位爲公即立古者立位同字

此本釋詞

古書疑義舉例卷一

德清俞樾著

上下文異字同義例

古書有上下文異字而同義者、孟子公孫丑篇、有仕於此、而子悅之、不告於王而私與之吾子之祿爵、夫士也亦無王命而私受之於子、按有仕於此之仕即夫士也之士、夫士也正承有仕於此而言、士正字仕叚字、是上下文用字不同而實同義也。

論語衛靈公篇、臧文仲其竊位者與、知柳下惠之賢而不與立也、按古文位立同字、此章立字當讀爲位、不與立即不與位、言知柳下惠之賢而不與之祿位也、上文竊位字作位、下文不與位字作立、異文而同義也。

莊元年左傳、築王姬之館于外、爲外禮也、按爲外禮也、猶曰于外禮也、古于爲義通、鄭注士冠禮曰、于猶爲也、然則爲亦猶于也、此舉經文而釋之、若但曰禮也、疑若通言築之爲得禮、而無以明築于外之爲得禮、故疊于外二字、乃舉經文作于外、而傳文自作爲外、亦異文而同義也。

周書太子晉篇、遠人來驩、視道如咫、又曰國誠寧矣、遠人來觀、按觀正字也、驩段字也、亦上下文之用字不同者。

荀子宥坐篇、詩曰、瞻彼日月、悠悠我思、道之云遠、曷云能來、子曰伊稽首不其有來乎、按首字當讀爲道、周書芮良夫篇、予小臣良夫稽道、羣書治要作稽首、是道與首古字通、稽者同也、堯典正義引鄭注曰、稽同也、詩言道之云遠、曷云能來、孔子言道苟同、則雖遠亦來矣、故曰伊稽道不其有來乎、蓋借詩言而反之、若唐棣之詩也、因段首爲道、遂莫知其卽爲上文道字、而注者曲爲之說、致失其義矣。

朱少濱引墨子號令篇外空室盡發之木盡伐之諸可以攻城者盡內城中材木不能盡內即燒之無令客能用之此當作給從從之不給不熯之從即墨子所謂內城中也

此本釋詞。

商子兵守篇、給從從之不洽而熯之使客無得以助攻備、按上從字下有闕文、下從字當在不洽之下、洽亦當爲給、古字同聲而通用也、此文當云給從而口之、不給從而熯之、蓋承發梁撤屋而言、所發所撤其材尙可作它用、若其力有餘則取之而歸、若力不足則從而熯之、無使爲敵用也、給與不給反復相明、乃上用給字下用洽字、又有闕文、讀者遂不知爲何語矣、

呂氏春秋辯土篇、必厚其靹、又曰其靹而後之、按後與厚同義、釋名釋言語曰厚後也、上言厚下言後、亦異字同義之例。

上下文同字異義例

古書亦有上下文同字而異義者、禮記玉藻篇、既搢必盥、雖有執於朝、弗有盥矣、上有字乃有無之有、下有字乃又字也、言雖有執於朝、不必又盥

正義云我又下視殷民所用為治民者皆自讎怨斂聚之道也言重賦傷民民以在上為讎

江艮庭云其下臨殷民用以為治者率多斂以召讎怨致使小民並為敵讎猶急征不解之重賦乃是斂讎也既為重賦又急行暴虐此所以益招民怨是乃自召敵讎仇不懈怠也

朝夕惟祭祀用此酒不常飲惟天下教命始令我民知作酒者惟為祭祀

云元大也洛誥稱秩元祀孔以為舉秩大祀

也。論語公冶長篇、子路有聞、未之能行、惟恐有聞、上有字乃有無之有、下有字亦又字也、言有聞而未行、則惟恐又聞也。

尚書微子篇、降監殷民、用乂讎斂、召敵讎不怠、按釋文曰、讎如字、下同、此依傳義作音也、又曰、徐云、鄭音疇、是鄭注上讎字與下讎字異義、鄭於上讎字蓋讀爲疇、故徐云鄭音疇也、又與刈通、降監殷民用乂讎斂、言下視殷民、方用刈穫之時、計疇而斂之也、孟子盡心篇趙注曰、疇、一井也、殷制用助法、上所應得者、惟公田所入耳、此云疇斂、則是按井而斂之所取、不止於公田、殆紂時所加賦歛、枚傳不知上下兩讎字文同義異、致失其解、

又酒誥篇、朝夕曰、祀茲酒、惟天降命、肇我民、惟元祀、按上祀字讀爲已、周易損初九已事遄往、釋文曰、已、虞作祀、是祀與已古字通也、已者止也、已茲酒者、止此酒也、已茲酒、惟天降命、此二句乃倒句、猶言惟天降命止此

大劉以元爲始誤也

尚書大傳云文王受命一年斷虞芮之訟二年伐邘三年伐密須四年伐畎夷紂乃囚之四友獻寶乃得免於虎口出而伐耆六年伐崇則稱王

此本釋词

○

酒蓋重其事故託之天命也肇我民惟元祀言與民更始在此元祀元祀者文王之元年蓋文王初受命卽有止酒之誥故云然耳枚傳不知上下兩祀字異義致失其解皆由不知古書有同字異義之例也

詩文王有聲篇既伐于崇作邑于豐按下于字乃語詞上于字則邘之叚字也史記載虞芮決獄之後明年伐犬戎明年伐密須明年敗耆國明年伐邘明年伐崇侯虎而作豐邑是伐邘伐崇與作豐邑事適相連故詩人詠之曰既伐邘崇作邑于豐也邘作于者古文省不從邑耳今讀兩于字竝爲語詞則下句可通上句既伐于崇文不成義矣

倒句例

古人多有以到句成文者順讀之則失其解矣僖二十三年左傳其人能靖者與有幾昭十九年諺所謂室於怒市於色者皆倒句也

周易震六二億喪貝，釋文引鄭云：「十萬曰億。」梁氏玉繩瞥記曰：「億喪貝乃到文，與莊子在宥篇萬有餘喪同一句法。」禮記檀弓篇：「蓋殯也，問於郰曼父之母。」高郵孫氏濩孫檀弓論文曰：「此二句乃倒句也。蓋殯淺而葬深，孔子之父實殯於五父之衢，而見之者皆以爲葬，孔子不敢輕啟父墓而遷葬，乃其愼也。及問於郰曼父之母，始得其實。當云問於郰曼父之母，蓋殯也，故作倒句以取曲折耳。」按此二義，余著羣經平議均不之從，然倒句成文，則古書自有之，亦存其說，以備一解。

詩人之詞必用韻，故倒句尤多。桑柔篇「大風有隧，有空大谷」，言大風則有隧矣，大谷則有空矣，今作有空大谷，乃倒句也，說詳王氏經義述聞。節南山篇「弗聞弗仕，勿罔君子，式夷式已，無小人殆」，言勿罔君子，無殆小人也。無猶勿也，罔與殆義相近，論語亦以罔殆對文可證，今作無小人殆，乃倒

其存人之國也，無萬分之一，而喪人之國也，一不成而萬有餘喪矣。故一身既不成而萬

億辭也貝資貨……用之屬也……越陵險也

因于窮匱不過七日，故曰勿逐七日得也。

注慎當為引，孔家讀然，聲之誤也。殯引，飾棺以輴。雜記：諸侯行而死於道，其輤有裧，緇布裳帷，精為赤色；大夫布裳帷；士葦席以為屋，蒲席以為裳帷。葬引，飾棺以柳翣。孔子是時以殯引，不以葬引，時人見者謂不知孔

陳碩甫云：大戴禮衛將軍文子篇孔子告詩云「式夷式已，無小人殆」，而商也其可謂不險也。孔子引詩以不險釋無殆。孔顨軒云：殆，危也。無

有餘喪矣。注曰：与天下相因而成者也，今以一己而專制天下，則天下塞矣，己豈通哉！故一身既不成而萬方有餘喪矣。

友小人以取危險胡墨
莊云險即危殆不險
謂子夏交友必慎不
困小人以至危殆
焦理堂云若山崩者狀
其厥之多而迅也
為政篇學而不思則
罔思而不學則殆文檔
殆依義當作怠包曰
學而不尋思其義
則罔然無所得何曰
不學而思終卒不得
徒使人精神疲殆

句也、說詳余所著羣經平議、

孟子盡心下篇若崩厥角稽首、按漢書諸侯王表厥首稽首、應劭曰厥者頓也、角者額角也、稽首首至地也、其說簡明勝趙注、若崩二字乃形容厥角稽首之狀、蓋紂衆聞武王之言、一時頓首白地、若山冢之崒崩也、當云厥角稽首若崩、今云若崩厥角稽首、亦倒句耳、後人不得其義而云稽首至地若角之崩、則不知角爲何物、失之甚矣、

墨子非樂上篇、啟乃淫溢康樂、野于飲食、按野于飲食即下文所謂渝食于野也、與左傳室於怒市於色句法正同、畢氏沅校本疑野于當作于野、蓋誤連康樂二字讀之、亦由不達古書之例、失其讀并失其義矣。

史記樂毅傳薊丘之植、植於汶篁、索隱曰薊丘燕所都之地也、言燕之薊丘所植、皆植齊王汶上之竹也、按此亦倒句、若順言之、當云汶篁之植植

鄭以經云肆獻祼爲與獻祼為祭祀之隆文次先後益無定例體解之通名不必專孫詒讓云經言肆獻祼以別於饋食耳本非逆言肆獻祼為隆礼固祫禘時享所同然經實不專據祫言饋食之享則無肆獻祼之節鄭謂六享所同非

古人序事有不以順序而以倒序者周官大宗伯職以肆獻祼享先王以次弟而言則祼最在先獻次之肆又次之也乃不曰祼獻肆而曰肆獻祼此倒序也大祝職隋釁逆牲逆尸若以次弟而言則逆尸最在先逆牲次之隋釁又次之也乃不曰逆尸逆牲隋釁而曰隋釁逆牲逆尸此倒序也小祝職贊徹贊奠若以次第而言則奠先而徹後也乃不曰贊奠贊徹而曰贊徹贊奠此倒序也說者不知古人自有此倒序之例而必曲爲之解多見其不可通矣

禮記文王世子篇其登餕獻受爵則以上嗣正義曰以特牲言之則先受爵而後獻獻而後餕今此經先云餕者以餕爲重舉重者從後以濡先逆

書之故云其登餕獻受爵也按以特牲言之嗣子與長兄弟爲上下兩籑是餕不止嗣子一人而受爵止嗣子一人是受爵重於餕也安得云以餕爲重乎孔氏蓋不知古書有此倒序之例曲爲之説而失其義

錯綜成文例

古人之文有錯綜其辭以見文法之變者如論語迅雷風烈楚辭吉日兮辰良夏小正剝棗栗零皆是也

詩采綠篇之子于狩言韔其弓之子于釣言綸之繩箋云綸釣繳也君子往狩與我當從之爲之韔弓其往釣與我當從之爲之繩繳按箋以韔弓繩繳對舉則知下句繩字與上句韔字對下句綸字與上句弓字對蓋錯綜以成文也正義曰謂釣竿之上須繩則已與之作繩是以繩字對上句弓字失之矣

肆戎疾不殄烈假不瑕傳肆故今也戎大也故今大疾害人者不絕之而自絕也箋厲假皆病也瑕已也文王於辟廱德如此故大疾害人者不絕之而自絕爲厲假之行者不已之而自已言化之深也

孫仲容云謂攝薦豆籩而並徹之也此與九嬪云凡祭祀贊后薦徹豆籩同以薦徹通貫豆籩猶漿人清醴醫酏糟以清糟通貫醴醫酏經自有此首尾綜包之文例

箋古之人無擇謂聖王明君也口無擇言身無擇行以身化其臣下故今此士皆有名譽於天下成其俊乂之美也

又思齊篇古之人無斁譽髦斯士按古之人與髦斯士文正相配古之人言古人也髦斯士言髦士也此承上而言惟成人有德故古之人無斁惟小子有造故譽髦斯士古之人者尚書無逸篇枚傳所謂古老之人也無斁謂不見厭惡也譽與豫通爾雅曰豫樂也安也言其俊士無不安樂也豫與無斁互文見義無厭惡則安樂可知安樂則無厭惡可知上句先言古人而後言無斁下句先言譽而後言髦斯士亦錯綜以成文也毛鄭均未得其解

不聞亦式不諫亦入傳言性與天合也箋云式用也文王之祀於宗廟有仁義之行而不聞達者亦用之助祭有孝悌之行而不能諫爭者亦得入言其使人器之不求備也

周禮大宗伯職王后不與則攝而薦豆籩徹按薦豆籩徹者薦豆徹籩也於豆言薦於籩言徹互辭耳不曰薦豆徹籩而曰薦豆籩徹亦故爲錯綜以成文也賈疏曰凡祭祀皆先薦後徹故退徹文在下此不得其解而爲之辭

箋成人謂大夫士也小子其弟子也文王在於宗廟德[illegible]如此故大夫士皆有德子弟皆有所造成

大元止次八曰、弓善反弓惡反、善馬狠、惡馬狠、按弓善弓惡、即善弓惡弓、與善馬惡馬同義、乃云弓善弓惡者、故與下文錯綜其詞也、范望注曰善反、詩云四矢反兮、善反其故處也、惡反者、不善發則翩然反也、誤以善惡連反字讀失之、測曰反弓馬狠、終不可以也、不曰弓反馬狠、而曰反弓馬狠、文法與此同○

淮南子主術篇、夫疾風而波興、木茂而鳥集、上言疾風、下言木茂、亦錯綜其詞、意林引此作風疾而波興、由不知古人文法之變而以意改之、

春秋僖十有六年書隕石于宋五、六鷁退飛過宋都、石五之與六鷁亦錯綜以成文、公羊有記聞記見之說、穀梁有散辭聚辭之義、此乃作傳之體例如此、未必得經意也、夏小正梅杏杝桃則華、緹縞、上句先言梅杏杝桃而後言華、下句先言緹而後言縞、蓋古人之辭往往有此、傳曰先言緹而

後言縞何也、緹先見者也、亦未免曲爲之說也、

參互見義例

古人之文、有參互以見義者、禮記文王世子篇、諸父守貴宮貴室、諸子諸孫守下宮下室、又云諸父諸兄守貴室、子弟守下室、而讓道達矣、鄭注曰、上言父子孫、此言兄弟、互相備也、又雜記上篇有三年之練冠、則以大功之麻易之、鄭注曰、言練冠易麻、互言之也、疏曰、麻謂經帶、大功言經帶、明三年練亦有經帶、三年練云冠、明大功亦有冠、是大功冠與經帶易三年冠及經帶、故云互言之、又祭統篇、王后蠶於北郊、以其純服、夫人蠶於北郊、以其冕服、鄭注曰、純服亦冕服也、互言之爾、純以見繒色、冕以著祭服、凡此皆參互以見義者也。

鄭注有云通異語者、文王世子篇、庶子以公族之無事者守於公宮、正室

守太廟、注云或言宮、或言廟、通異語、又有云文相變者、喪大記篇浴水用盆沃水用枓、沐用瓦盤、注曰浴沃用枓沐於盤中文相變也、亦皆互文以見義之例。

周易雜卦傳乾剛坤柔、比樂師憂、皆兩兩相對、他卦雖未必然、而語意必相稱、獨晉晝也明夷誅也、其義不倫、愚謂此亦參互以見義也、知晉之爲晝、則明夷之爲晦可知矣、明入地中、非晦而何、知明夷之爲誅、則晉之爲賞可知矣、康侯用錫馬蕃庶、非賞而何、自來言易者、未見及此也、

兩事連類而竝稱例

少牢饋食禮曰用丁己、言或用丁或用己也、士虞禮冪用絺布、言或用絺或用布也、古人之文自有此例、士喪禮魚鱄鮒九、此亦連類而竝稱、言或鱄或鮒、其數則九也、若必鱄鮒竝用、而欲合其數爲九、則孰四孰五、不得

無文矣、

禮記郊特牲篇、繡黼丹朱中衣、按繡黼二物、丹朱亦二物、言中衣之領、或以繡爲之、或以黼爲之、中衣之緣、或以丹爲之、或以朱爲之、是爲繡黼丹朱中衣、非必一時竝用也、鄭注破繡爲綃、正義曰、五色備曰繡、白與黑曰黼、繡黼不得其爲一物、故以繡爲綃也、此未達古人立言之例也、

日知錄曰、孟子云禹稷當平世、三過其門而不入、考之書曰、啟呱呱而泣予弗子、此禹事也、而稷亦因之受名、華周杞梁之妻善哭其夫而變國俗、攷之列女傳曰、哭於城下七日而城爲之崩、此杞梁妻事也、而華周妻亦因之以受名、愚謂此皆連類而及之例也、呂氏春秋曰、孔丘墨翟晝日諷誦習業、夜親見文王周公旦而問焉、因孔子而及墨翟、因周公而及文王亦此類矣、

兩義傳疑而竝存例

儀禮士虞禮死三日而殯三月而葬遂卒哭鄭注曰此記更從死起異人之聞其義或殊賈疏曰上已論虞卒哭此記更從始死記之明非上記人是異人之聞其辭或殊更見記之事其實義亦不異前記也按此即傳疑竝存之例注疏聞字今誤作閒非是辨見羣經平議

穀梁傳之解經多有竝存兩說者隱二年傳或曰紀子伯莒子而與之盟或曰年同爵同故紀子以伯先也又五年傳穀梁子曰舞夏天子八佾諸公六佾諸侯四佾初獻六羽始僭樂矣尸子曰舞夏自天子至諸侯皆用八佾初獻六佾始厲樂矣又八年傳或曰隱不爵大夫也或說曰故貶之也又莊二年傳於餘丘邾之邑也其曰伐何也公子貴矣師重矣而敵人之邑公子病矣病公子所以譏乎公也其一曰君在而重之也又文十八

婉

年傳、姪娣者、不孤子之意也、一人有子、三人緩帶、一曰就賢也、凡此皆兩義竝存、不獨疑以傳疑、且足見網羅放失之意、公羊傳亦閒有之、閔二年傳或曰自鹿門至於爭門者是也、或曰自爭門至於吏門者是也、亦二說竝存也、

禮記檀弓篇滕伯文爲孟虎齊衰其叔父也、爲孟皮齊衰其叔父也、按孟虎孟皮疑是一人、虎與皮蓋一名一字、鄭罕虎字子皮、即其例也、縣子本得之傳聞、或故老所說不同、或簡策所載互異、疑以傳疑、故竝存之、正義謂虎是滕伯文叔父、滕伯是皮之叔父、夫記文兩言其叔父也、乃謂一是叔父、一是兄弟之子、殆不然矣、

爾雅釋蟲有蝝蝮蜪、釋魚有蜪蚅、釋蟲有蛭蝚至掌、釋魚有蛭蟣、蓋皆一物也、或云蟲類、或云魚類、故竝存之、郭注於釋蟲不解蛭蝚至掌、於釋魚

蝮蜪注云蝗子未有翅者劉申叔云俗呼爲蝻子蝻讀爲若貪轉音爲匋則蜪亦蝻字之轉音矣

又曰疏引顧氏云周公重言之也

不解蜩蚯由未知其爲同物耳、

凡著書者博採異文附之簡策、如管子法法篇之一曰、大臣篇之或曰皆爲管氏學者傳聞不同而竝記之也、韓非子書如此者尤多、如內儲說上篇引魯哀公問孔子莫衆而迷事、又載一曰晏嬰子聘魯哀公問曰語曰莫三人而迷外儲說左篇引孟獻伯相魯事、又載一曰孟獻伯拜上卿、叔向往賀如此之類不下數十事、尚書每有又曰之文愚謂亦當以是解之、康誥篇非汝封刑人殺人、無或刑人殺人非汝封、又曰劓刵人無或劓刵人、蓋史策所載異辭、一本作非汝封刑人殺人、無或刑人殺人非汝封、一本作非汝封劓刵人無或劓刵人非汝封、故兩載之而詞有詳略也、下文王曰外事、汝陳時臬司師茲殷罰有倫此一本也、又曰要囚服念五六日、至於旬時、丕蔽要囚、王曰汝陳時臬事罰蔽殷彝、此又一本也、亦兩存之

而語有詳畧、余從前著羣經平議、未見及此、蓋猶未達古書之例也、當更爲說以明之、

兩語似平而實側例

古人之文、有似平而實側者、詩蕩篇侯作侯祝、傳曰、作祝詛也、段氏玉裁曰、作祝詛也四字一句、侯作侯祝與乃宣乃畝爰始爰謀句法同、緜篇曰止曰時、箋云時是也、曰可止居於是、正義曰、如箋之言、則上曰爲辭、下曰爲於也、按此亦似平而實側者、與爰始爰謀乃宣乃畝一例、王氏引之曰、經文疊用曰字、不當上下異訓、二曰字皆語辭、時亦止也、轉未得古人義例矣、

論語憲問篇、君子恥其言而過其行、正義曰、此章勉人使言行相副也、君子言行相顧、若言過其行、謂有言而行不副、君子所恥也、按恥其言而過

其行、亦語平而意側、皇侃義疏本作君子恥其言之過其行也、語意更明、朱注曰、恥者不敢盡之意、過者欲有餘之辭、誤以兩句爲平列、失之。孟子公孫丑篇、今夫蹶者趨者、趙注曰、蹶者相動、今夫行而蹶者、氣閉不能自持、故志氣顚倒、顚倒之間、無不動心而恐矣、尋趙氏之意、謂趨由於蹶、今夫蹶者趨者、猶云大凡顚蹶之人、皆是趨走之人、蓋人之疾趨而行、氣使之也、而至於顚蹶、則無不動心矣、故曰是氣也而反動其心、蹶者趨者似平而實側、若以蹶趨平列、則其義不見矣、

兩句似異而實同例

古人之文、有兩句竝列而實一意者、若各爲之說、轉失其義矣、禮記表記篇仁有數、義有長短小大、鄭注曰、數與長短小大互言之耳、按數即短長小大、質言之則是仁有數義亦有數耳、乃於仁言數、而於義變言長短小

孫云令五家為比使之相保者此制六鄉比伍之法也鄉民相聚為小部始於一比五家比長治之五家家數既少居又相比有罪過不容不知故使相保任也長云五家有罪者亦相及因平時相保故有罪過相及矣 又云鄉邑若

祝命嘗食甚養者舉奠祚諾升入東面長兄弟對之皆坐佐食授舉各一膚注古文甚養皆作餕

大此古人屬辭之法也

周官大司徒職令五家爲比使之相保五比爲閭使之相受按受與保同義古語或以受保連文士冠禮永受保之是也或以保受連文尚書召誥保受王威命明德是也使之相保使之相受文異而義同皆謂使之互相任保不爲罪過也杜子春及後鄭均未達斯旨又族師職云使之相保相受刑罰慶賞相及相共按相受猶相保也相共猶相及也皆變文以成辭耳賈疏斷刑罰慶賞相及爲句失之

儀禮特牲饋食禮篹有以也酳有與也兩句義同變文以成辭耳史記貨殖傳智不足與權變勇不足以決斷仁不能以取予漢書楊雄傳建道德以爲師友仁義與爲朋與以互用是有與即有以也鄭注曰與讀如諸侯以禮相與之與失之

孟子梁惠王下篇吾王不遊吾何以休吾王不豫吾何以助趙注曰言王者巡狩觀民其行從容若遊若豫豫亦遊也按不遊不豫變文以成辭而無異義趙氏此注斯通論矣下文曰從流下而忘反謂之流從流上而忘反謂之連從獸無厭謂之荒樂酒無厭謂之亡按亡當讀爲芒荀子富國篇芒軔僈楛楊倞注曰芒昧也或讀爲荒是荒芒義通故淮南子詮言篇曰自身以上至於荒芒爾遠矣荒芒連文與流連一例皆古之恆語從流下而忘反謂之流從流上而忘反謂之連連與流一也從獸無厭謂之荒樂酒無厭謂之芒芒與荒亦一也流連荒芒亦猶上文遊豫之比變文成辭而無異義趙氏一一爲之詮釋則轉失之良由不知亡爲芒之叚字故滋曲說其解亡字曰若殷紂以酒喪國也故謂之亡然則若羿之好田獵無有厭極以亡其身亦可謂之亡矣何以從獸無厭謂之荒乎

尚書堯典篇流共工于幽洲放驩兜于崇山竄三苗于三危殛鯀于羽山校傳曰殛竄放流皆誅也異其文述作之體至詩人之詞此類尤多關雎篇參差荇菜左右流之窈窕淑女寤寐求之傳曰流求也則流之求之一也兔爰首章我生之初尚無爲次章我生之初尚無造傳曰造爲也則無爲無造一也

荀子正論篇故盜不竊賊不刺按漢書郊祀志刺六經中作王制師古注曰刺采取之也又丙吉傳至公車刺取注曰刺謂探候之也是刺有探取之義盜不竊賊不刺變文以成辭而無異義也莊子知北遊篇若正汝形一汝視天和將至攝汝知一汝度神將來舍按一汝度當作正汝度淮南子道應篇文子道原篇並同可據以訂正攝汝知即一汝視所視者專一故所知者收攝矣正汝度即正汝形度猶形也是亦變文以成辭而無異

義也、楊子法言吾子篇、多聞則守之以約、多見則守之以卓、按卓亦約也、莊子大宗師篇郭象注曰、卓者獨化之謂也、是卓有獨義、說苑君道篇、踔然獨立、踔與卓同、卓約本疊韻字、莊子之淖約、上林賦之綽約、並其證也、多聞則守之以約、多見則守之以卓、猶淖約綽約之比、是亦變文以成辭而無異義也

以重言釋一言例

禮記樂記篇肅肅敬也、雍雍和也、顧氏日知錄曰詩本肅雍一字、而引之二字者長言之也、詩云有洸有潰毛公傳之曰、洸洸武也、潰潰怒也、即其例也。

錢氏大昕養新錄曰詩亦汎其流、傳云汎汎流貌、碩人其頎、箋云長麗俊好頎頎然、咥其笑矣、傳箋皆云咥咥然笑、垂帶悸兮、傳箋皆云悸悸然有

節度條其𦣦矣傳云條條然𦣦零露漙兮傳云漙漙然盛多子之丰兮箋
云面貌丰丰然零露湑兮傳云湑湑然蕭上露貌噂沓背憎傳云噂猶噂
噂然沓猶沓沓然有扁斯石傳云扁扁乘石貌匪風發兮匪車偈兮傳云
發發飄風非有道之風偈偈疾驅非有道之車匪風嘌兮傳曰嘌嘌無節
度也竝以重言釋一言
丘中有麻篇將其來施施顏氏家訓曰河北毛詩皆云施施江南舊本悉
單爲施按當以江南本爲正傳云施施難進之意箋云施施舒行伺閒獨
來見已之貌經文止一施字而傳箋竝以施施釋之所謂以重言釋一言
也後人不達此例增經文作施施非其舊矣
周易乾九三君子終日乾乾夕惕惕者惕惕也猶言終日乾乾終夕惕惕
也後人不明一言之即爲重言遂以夕惕若爲句矣○尚書盤庚中篇乃咸

注汝皆大不布腹心敬念以誠感動我是汝不盡忠 江疏云乃皆大不宣布其心敬念以誠感動我

段茂堂云鄭君謂衍準利二字

大不宜乃心欽欽者欽欽也乃心欽猶詩云憂心欽欽也後人不明一言之即爲重言遂以乃心欽念以忱爲句矣由不達古書之例失其義并失其讀也

以一字作兩讀例

古書遇重字多省不書但于本字下作二畫識之亦或并不作二畫但就本字重讀之者考工記輈人曰輈注則利準利準則久和則安鄭注曰故書準作水鄭司農云注則利水謂轅脊上兩注令水去利也元謂利水重讀似非據此則故書利水二字本無重文先鄭特就此二字重讀之故後鄭可以不從也

孟子告子上篇異於白馬之白也按上白字當重讀蓋先折之曰異於白乃曰白馬之白也無以異於白人之白也則又申說其異之故也如此則

文義自明亦不必疑其有闕文矣

倒文協韻例

詩既醉篇其僕維何釐爾女士釐爾女士從以孫子按女士者士女也孫子者子孫也皆倒文以協韻猶衣裳恆言而詩則曰制彼裳衣琴瑟恆言而詩則曰如鼓瑟琴也甫田篇以穀我士女此云女士彼云士女文異義同箋云予女以女而有士行者則失之纖巧矣經文平易殆不如是

莊子山木篇一上一下以和爲量按此本作一下一上以和爲量上與量爲韻今作一上一下失其韻矣秋水篇無東無西始於元冥反於大通亦後人所改莊子原文本作無西無東東與通爲韻也王氏念孫已訂正上下東西人所恆言後人口耳習熟妄改古書由知知古人倒文協韻之例耳

古書多韻語故倒文協韻者甚多淮南子原道篇無所左而無所右蟠委錯紾與萬物終始不言始終而言終始始與右爲韻也文選鵩鳥賦怵迫之徒或趨西東大人不曲意變齊同不言東西而言西東東與同爲韻也後人不達此例而好以意改往往失其韻矣

變文協韻例

古人之文更有變文以協韻者詩鄘風柏舟篇母也天只不諒人只傳曰天謂父也正義曰先母後天者取其韻句耳按母則直曰母而父則稱之爲天此變文協韻之例也

蓼蕭篇既見君子爲龍爲光按光者日也周易說卦傳離爲日而虞注於未濟六五及夬象傳竝云離爲光於需象辭則曰離日爲光是日與光義得相通文選張孟陽七哀詩注朱光日也陸士衡演連珠注曰重光日也

詞賦家以日爲光本經義也爲龍爲光猶云爲龍爲日龍與日竝人君之象賈子容經篇曰龍也者人主之譬也尸子曰日五色陽之精君德也是龍日爲君象古有此義此言遠國之君朝見於天子故曰既見君子爲龍爲光竝以天子言不言爲龍爲日而曰爲龍爲光亦變文以協韻耳傳訓龍爲寵則已不得其義矣

周易亦多用韻之文亦有變文協韻者如小畜上九既雨既處按處者止也說文几部処止也処即處字故毛傳於江有汜篇鳧鷖篇竝曰處止也既雨既處者既雨既止也止謂雨止也不曰既雨既止而曰既雨既處變文以協韻也正義以得其處釋之則與既雨之文不倫矣

古書疑義舉例卷一終　　雙流李天根校字

陳碩甫曰昭十二年左傳宋華定來聘公賦蓼蕭昭子曰宴語之不懷寵光之不宣令德之不知同福之不受將昭子四言正釋詩四章之義詩龍光左傳作寵光毛傳正本左傳爲寵龍爲光爲寵光也寵亦光也

正義九三欲進已能固之陰陽不通故已得其雨也既處者三不能侵不憂危害故已得其處也

九三夫妻反目已爲陽極上爲陰長畜我陰長不能自復方之夫妻反目之義

注處小畜之極能畜者也陽不獲亨故既雨也剛不能侵故既處也

密雲不雨注陰陽不能陽上薄陰陰能固之然後烝而爲雨今上九獨能固九三之路能固其路而安處上故得既雨既處

古書疑義舉例卷二

德清俞樾箸

古人行文不嫌疏略例

儀禮聘禮篇上介出請入告鄭注曰於此言之者賓彌尊事彌録據注知聘賓所至上介皆有出請入告之事而上文不言是古人行文不嫌疏畧也必一一載之簡策則累牘而不能盡矣乃古人不言後人亦遂不知即儀禮一經疏畧之處鄭君亦有未能見及者後人讀書鹵莽更無論矣今舉數事見例

聘禮乃入陳幣於朝西上注曰其禮於君者不陳按鄭見此經所陳止有上賓之公幣私幣及上介之公幣而無禮於君之幣故曰禮於君者不陳下文執賄幣以告注曰賄幣在外也若然則當有出取之事何以無文乎

張稷若云稻粱不言蓋會是簠蓋不兼會故經以黍稷爲會飯案下文不以醬湆注初時食加飯用正饌此食正飯用庶羞是正飯即會飯即黍稷有會在側故云會飯稻粱去蓋施冪幕故不云會飯

今以下文上介執璋例之、知賄幣乃衆介奉之以入上介授璋後、衆介從而授幣、故使者得執之以告也、經畧而不言、鄭君亦遂不知矣、

（公食大夫）聘禮記簠有蓋冪、注曰、稻粱將食、乃設去會於房、按鄭以經文公設粱後、其下即云左擁簠粱、不見有却會事、故爲此說、不知六簋乃宰夫所設、故宰夫爲却會、若簠則公親設之、公尊不爲却會、賓將食自却之、經云賓卒食會飯、以卒食後賓自加會、知將食時、賓自却會也、經文畧而不言、鄭君亦遂不知、并會飯之義而失之矣、

士虞禮記、祝從啟牖鄉如初、按鄉者北出牖也、啟牖鄉者、啟牖亦啟鄉也、上文祝闔牖戶、不言鄉、是疏畧之處、鄭注此句因云鄉牖一名也、然則記人何必言牖又言鄉乎、

特牲饋食禮、酢如主人儀、注曰不易爵、辟內子、按尸酢主婦無不易爵者、

此不言易爵、疏略耳、鄭注非、

又曰尸謖祝前、按尸謖上當有祝入二字、既夕篇祝入尸謖、是其例也、蓋祝出告利成後、必復入、以爲尸謖之節、此不言者、疏略、禮經若此類不可勝舉。

襄二年左傳、以索馬牛皆百匹、正義曰、司馬法丘出馬一匹、牛三頭、則牛當稱頭、而亦云匹者、因馬而名牛曰匹、並言之耳、經傳之文、此類多矣、易繫辭云、潤之以風雨、論語云、沽酒市脯不食、玉藻云、大夫不得造車馬、皆從一而省文也、按此亦古人行文不嫌疏略之證、使後人爲之、必一一爲之辭曰、以索馬百匹、索牛百頭、曰沽酒不飲、市脯不食、此文之所以日繁也、

古人行文不避繁複例

古人行文亦有不避繁複者、孟子粱惠王篇、故王之不王、非挾泰山以超北海之類也、王之不王、是折枝之類也、離婁篇瞽瞍底豫而天下化瞽瞍底豫而天下之爲父子者定、兩王之不王、兩瞽瞍底豫、若省其一、讀之便索然矣、

周易繫辭傳、言天下之至賾而不可惡也、言天下之至賾而不可亂也、擬之而後言、議之而後動、鄭所據本如此、見釋文、虞解本亦如此、見集解、此古本也、兩言天下之至賾、句似複而非複、乃鄭於下句云賾當爲動、虞亦云動舊誤作頤、則鄭虞猶未解此、孔穎達謂以文勢上下言之、宜云至動而不可亂也、更無足怪矣、所謂以上下文勢言者、徒見上文賾與動對舉、故云然耳、其實此文不可惡、不可亂、專承天下之賾而言、下文擬之而後言、議之而後動、然後覆說動字、

管子權修篇凡牧民者欲民之正也欲民之正則微邪不可不禁也微邪者大邪之所生也微邪不禁而求大邪之無傷國不可得也凡牧民者欲民之有禮也欲民之有禮則小禮不可不謹也小禮不謹於國而求百姓之行大禮不可得也凡牧民者欲民之有義也欲民之有義則小義不可不行小義不行於國而求百姓之行大義不可得也凡牧民者欲民之有廉也欲民之有廉則小廉不可不修也小廉不修於國而求百姓之行大廉不可得也凡牧民者欲民之有耻也欲民之有耻則小耻不可不飾也小耻不飾於國而求百姓之行大耻不可得也凡牧民者欲民之修小禮行小義飾小廉謹小耻禁微邪此厲民之道也按此一段之中疊用凡牧民者句文繁語複使今人爲之則芟薙者過半矣

墨子尚賢尚同兼愛各分上中下三篇而文字相同者居半此亦古人不

案注謂不巾覆、對上文巾覆言、亦謂如諸侯之中裂

嫌繁複也、證文繁不具錄、

語急例

古人語急故有以如爲不如者、隱元年公羊傳如勿與而已矣、注曰如即不如是也、有以敢爲不敢者、莊二十二年左傳敢辱高位、注曰敢不敢也是也、詳見日知錄三十二。

詩君子偕老篇是紲袢也、毛傳曰是當暑袢延之服也、然則袢即袢延也、論語先進篇由也諺、鄭注曰子路之行失於畔喭、然則喭即畔喭也、並古人語急而省也、雍也篇君子博學於文約之以禮、亦可以弗畔矣夫、畔亦即畔喭也、畔喭本疊韻字、急言之則或曰喭、由也喭是也、或曰畔、亦可以弗畔矣夫是也、鄭注曰弗畔不違道、殆未免乎知二五而不知十矣、

禮記曲禮篇、爲大夫累之、按累之猶解之也、累解本疊韻字、荀子富國篇

而不巾覆也士不巾
覆復而又不巾裂
此異于大夫

王伯申云杜注云葺覆也釋文云謂以草覆牆也然則繕完葺牆者與繕完之又以草覆之耳其上三字平列而下一字總承之者內外傳中亦往往有之桓六年傳云嘉栗旨酒文十六年傳云賦斂積實齊語云論比協材晉語云驟貸居賄楚語云蓄積聚實文義並與此同

則和調累解累解二字同義猶和調二字亦同義古語如此楊倞注非也緩言之曰累解急言則止曰累矣鄭注曰累係也謂不巾覆也然不巾覆者大夫至庶人所同何獨於大夫言之乎

語緩例

古人語急則二字可縮爲一字語緩則一字可引爲數字襄三十一年左傳繕完葺牆以待賓客急言之則止是葺牆以待賓客耳乃以葺上更加繕完二字唐李涪刊誤遂疑完字當作宇矣昭十六年左傳庸次比耦以艾殺此地急言之則是比耦以艾殺此地耳乃以比上更加庸次二字杜注遂訓爲用次更相從耦耕矣皆由不達古人語例故也按方言曰庸恣比侹更迭代也庸恣比三字即本左傳恣與次通

尚書牧誓篇王朝至于商郊牧野按郊牧野者爾雅所謂邑外謂之郊郊

牧說文作坶朝歌南七十里地周書曰武王與紂戰于坶戰鄭書序注曰牧野紂南郊地名說文距國百里爲郊今故云商郊也

外謂之牧牧外謂之野也枚傳云至牧地而誓衆則但謂之商牧可矣國語曰庶民弗忍欣戴武王以致戎于商牧是其正名也乃連郊野言之曰郊牧野又或連野言之曰牧野詩曰牧野洋洋是也此皆古人語緩故不嫌辭費

一人之辭而加曰字例

本釋詞

凡問答之辭必用曰字紀載之恒例也乃有一人之辭中加曰字自爲問答者此則變例矣論語陽貨篇懷其寶而迷其邦可謂仁乎曰不可好從事而亟失時可謂知乎曰不可兩曰字仍是陽貨語直至孔子曰諾始爲孔子語史記留侯世家昔者湯伐桀而封其後於杞者度能制桀之死命也今陛下能制項籍之死命乎曰未能也其不可一也武王伐紂封其後於宋者度能得紂之頭也今陛下能得項籍之頭乎曰未能也其不可二

焦理堂亦用王義云爲與謂同義言謂是其智弗若也趙注云爲是謂其智弗如也分爲與謂爲二矣之

也、以下凡不可者七、皆子房自問自答、至漢王輟食吐哺罵曰、豎儒、始爲漢王語、與論語文法正同、說本閻氏四書釋地。按記人於下文特著孔子曰、則上文兩曰不可非孔子語明矣、前人皆未見及、閻氏此論、昭然發千古之矇。

孟子告子篇、爲是其智弗若與、曰非然也、此自問自答之辭、盡心篇、子以是爲竊屨來與、曰殆非也、亦自問自答之辭、乃趙氏誤以此曰字爲館人曰、後人因並以下文數語、皆爲館人之言、而經文夫予字遂誤作夫子、不得謂非趙氏有以啟之矣。本釋詞

亦有非自問自答之辭、而中間又用曰字以別更端之語者、禮記檀弓篇公瞿然失席曰、是寡人之罪也、曰寡人嘗學斷斯獄矣、哀十六年左傳乞曰不可得也、曰市南有熊宜僚者、若得之可以當五百人矣、論語憲問篇

子曰若臧武仲之知公綽之不欲、卞莊子之勇、冉求之藝、文之以禮樂、亦可以爲成人矣、曰今之成人者何必然、微子篇齊景公待孔子曰、若季氏則吾不能、以季孟之閒待之、曰吾老矣不能用也、皆加曰字以別更端之語也。

楊子法言學行篇或曰顏徒易乎、曰睎之則是曰昔顏嘗睎夫子矣、正考甫常睎尹吉甫矣、公子奚斯嘗睎正考甫矣、不欲睎則已矣、如欲睎孰禦焉、按睎之則是上已有曰字、而其下又有曰字明世德堂本遂刪去上曰字、然睎之則是乃答語、而非問詞、上曰字不可刪、下曰字當移在正考甫句上、楊子既告之者曰睎則是、昔顏嘗睎夫子矣、又恐或人疑夫子大聖非人所能睎、故又舉正考甫公子奚斯以曉之、正以小見大、以淺見深也、若其閒無曰字以別更端則曰無主賓之辨矣、淺人以三句平列、而移曰

皇本居上女上俱有
曰字脱記云

字於睇之則是之下、又以兩曰字疊用、而删上曰字、皆不達古書之例者也。

兩人之辭而省曰字例

一人之辭、自爲問答、則用曰字、乃有兩人問答、因語氣相承、誦之易曉、而曰字從省不書者、如論語陽貨篇、子曰、由也、女聞六言六蔽矣乎、對曰、未也、居、吾語女、居、吾語女、乃夫子之言、而即承對曰未也之下、無子曰字、子曰、食夫稻、衣夫錦、於女安乎、曰、安、女安則爲之、女安則爲之、乃夫子之言、而即承曰安之下、無子曰字。

孟子書如此者尤多、臣請爲王言樂、孟子之言也、而無曰字、敢問何謂浩然之氣、公孫丑之言也、而無曰字、文義易明、故省之也、然則子之失伍也亦多矣、然則治天下獨可耕且爲與、然則犬之性猶牛之性、牛之性猶人之性與、句上皆無曰字文勢易見、故省之也、乃亦有因省曰字、致失其義者、公孫丑篇、季孫曰異哉子叔疑、二子孟子弟子、使己爲政不用則亦已矣、以下乃孟子解二子之異意疑心、趙注甚明、因使己爲政上省一曰字、後儒遂生異說、以此一節皆爲季孫之言、失之甚矣、滕文公篇、周霄問曰、古之君子仕乎、孟子曰仕、一言足矣、無事繁稱博引也、傳曰、公明儀曰、皆周霄所引以爲發問之地、蓋周霄意中先有此兩說、故竝引之、而先以三月無君則弔爲問、又以出疆必載質爲問也、因省曰字、讀者不能辨別、遂以傳曰公明儀曰兩說皆孟子所徵引、失之甚矣、

禮記檀弓篇、悼公之喪、季昭子問於孟敬子曰、爲君何食、敬子曰食粥、天下之達禮也、吾三臣者之不能居公室也、四方莫不聞矣、勉而爲瘠則吾能、毋乃使人疑夫不以情居瘠者乎、吾則食食、此文自吾三臣者以下、又

此說同馬元伯胡墨莊云從禽曰送從禽謂逐獸命中亦是言射之事磬控縱送仍分承善射良御而言不必改易傳訓也

爲季昭子之言，蓋敬子所答，自是正論，昭子不欲從之，故有此說，因中閒省一曰字，遂若皆孟敬子之言者，敬子知問曾子之疾，獲聞君子之道，何至無忌憚若此，李氏惇作羣經識小，始辨正之。

文具於前而略於後例

詩大叔于田篇，叔善射忌，又良御忌，其下云抑磬控忌，抑縱送忌，則專承良御而言，叔馬慢忌，叔發罕忌，其下云抑釋棚忌，抑鬯弓忌，則專承叔發罕忌而言，文具於前而略於後也，毛傳曰騁馬曰磬，止馬曰控，發矢曰縱，從禽曰送，按磬控雙聲，縱送疊韻，凡雙聲疊韻之字，皆無二義，傳以一字爲一義，發矢從禽與騁馬止馬，又不一例，傳義失之，磬控縱送，皆以御言，磬即控也，言止馬也，送即縱也，言騁馬也。

版篇，天之牖民，如壎如篪，如璋如圭，如取如攜，攜無曰益，牖民孔易，按攜陳碩甫曰攜即冢上取攜句益猶加也無益者言無有加乎民以起下牖民孔易句孔易傳所謂必從也胡墨莊云蘇傳云攜取以言其易也然其道之也攜之而已不求多於民是以其道之也甚易

無曰益、承上四句而言、益與隘通、言天之牖民、如壎如篪之相和、如璋圭之相合、如取攜之必從、無曰有所阻隘也、牖民乃孔易耳、因上疊句成文、累言之則於文不便、故止承攜而言、曰攜無曰益、亦文之其於前而略於後者也、鄭箋未得其義、

夫詩人之詞、限於字句、具前略後、固所宜也、乃有行文之體、初無限制、而前所羅陳、後從省略、乃知古人止取意足、辭不必備也、荀子彊國篇曰力術止義術行曷謂也、曰秦之謂也、威彊乎湯武、廣大乎舜禹、然而憂患不可勝校也、諰諰然常恐天下之一合而軋己也、此所謂力術止也、曷謂威彊乎湯武、湯武也者、乃能使說己者使耳、今楚父死焉、國舉焉、負三王之廟而辟於陳蔡之閒、視可司閒、欲剡其脛而以蹈秦之腹、然而秦使左案左、使右案右、是乃使讎人役也、此所謂威彊乎湯武也、曷爲廣大乎舜禹

也曰古者百王之一天下臣諸侯未有過封內千里者也今秦南乃有沙羨與俱是乃江南北有胡貉爲鄰西有巴戎東在楚者乃界於齊在韓者踰常山乃在臨慮在魏者乃據圉津即去大梁百有二十里耳在趙者剡然有苓而據松柏之塞負西海而固常山是地徧天下也此所謂廣大乎舜禹也威動海內彊殆中國然而憂患不可勝校也諰諰然常恐天下之一合而軋己也按此文前以威彊乎湯武廣大乎舜禹兩句提綱中間又作兩段申說而後云威動海內彊殆中國則止承威彊而言不及廣大是文具於前而畧於後也荀子此文傳寫舊有錯誤余作諸子平議已訂正之茲不具論。

斯例也孔子傳易即已有之同人象傳同人之先以中直也王氏引之曰同人之先謂同人之先號咷而後笑也先者有後之辭也言先而後見矣

隨六二係小子失丈夫傳則曰係小子而省失丈夫之文六三係丈夫失小子傳則曰係丈夫而省失小子之文是其例也今以王氏之說推之乾九三君子終日乾乾夕惕若厲无咎傳則但曰終日乾乾坤六四括囊无咎无譽傳則但曰括囊无咎蒙初六發蒙利用刑人用説桎梏傳則但曰利用刑人泰九三无平不陂无往不復傳則但曰无往不復隨上六拘係之乃從維之傳則但曰拘係之无妄六三不耕穫不菑畬傳則但曰不耕穫離九四突如其來如焚如死如棄如傳則但曰突如其來如鼎六五鼎黄耳金鉉傳則但曰鼎黄耳歸妹上六女承筐无實士刲羊无血傳則但曰上六无實中孚六三得敵或鼓或罷或泣或歌傳則但曰或鼓或罷泣文具於前而畧於後者也

僖十九年穀梁傳梁亡自亡也湎於酒淫於色心昏耳目塞上無正長之

匄

襄二十六年左傳云鄢陵之役楚晨壓晉軍而陳晉將遁矣則外傳之退即內傳之遁也

治犬臣胥叛、民爲寇盜、梁亡自亡也、如加力役焉、湎不足道也、范注曰如使伐之而滅亡、則淫湎不足記也、按上文、已備列梁所以亡之故、使下文必一一言之則累於辭矣、故曰湎不足道也、止以一湎字該之亦具於前而略於後也、

文沒於前而見於後例

古人之文、又有沒其文於前而見其義於後者、書微子篇、我祖底遂陳于上、我用沈酗于酒、用亂敗厥德于下、按底遂陳于上、蓋以德言、紂所亂敗者、卽湯所底遂而陳者也、德字見於後而沒於前、枚傳不達其義、乃曰致遂其功陳列于上世、則上句增出功字矣、國語晉語鄢陵之役、荆壓晉軍、軍吏患之、將謀、范匄自公族趨過之曰、夷竈湮井、非退而何、按楚壓晉而陳、晉無以爲戰地、軍吏將謀者、蓋謀退也、非畏楚而退、乃欲少退、使有戰

地耳、然軍勢一動不可復止必有潰敗之憂、范匄爲夷竈湮井之計則不必退而自有戰地、乃不退之退也故曰非退而何退字見於後而沒於前、韋注不達其義乃曰平塞井竈、示必死、楚必退、則文義不合矣、

詩生民篇、誕寘之隘巷、牛羊腓字之、誕寘之平林、會伐平林、誕寘之寒氷、鳥覆翼之、鳥乃去矣、后稷呱矣按后稷所以見棄之故、千古一大疑而不知詩人固明言之蓋在后稷呱矣一句、夫至鳥去之後、后稷始呱則前此者未嘗呱也、凡人死生無不呱、呱而泣、后稷生而不呱、是其異也於是人情駭怪、僉欲棄之於隘巷於平林於寒氷、愈棄愈遠亦愈險、聖人不死、昭然可見而后稷亦既呱矣遂收而養之命之曰棄、志異也、詩人歌詠其事、初不言見棄之由蓋沒其文於前而著其義於後、此正古人文字之奇也、後人不達而異義横生矣

本或有同姓二字衍文

禮記曲禮篇、五官之長曰伯、其擯於天子也曰天子之吏、天子謂之伯父、異姓謂之伯舅、又曰九州之長入天子之國曰牧、天子謂之叔父、異姓謂之叔舅、按陸氏德明作音義所據本如此、乃古本也、天子謂之伯父、天子謂之叔父、皆言同姓之國、而記文無同姓二字、蓋下文既別言異姓、則此爲同姓不待言矣、亦沒於前而著於後者也、淺人不達、誤加同姓二字、殊非其舊矣。

文二年左傳、於是夏父弗忌爲宗伯、尊僖公、初不及臧文仲、後乃引孔子之言以臧文仲縱逆祀爲三不知之一、則知夏父弗忌之躋僖公、實臧文仲爲之也、孟子梁惠王篇、魯平公將見孟子、初不言由於樂正子、後乃載樂正子之言曰、克告於君、君爲來見也、則知魯平公之就見孟子、樂正子爲之也、凡此皆沒於前而見於後也、禮記檀弓篇、晉獻公之喪、秦穆公使人弔公子重耳不言使人爲何人、下文云子顯以致命於穆公、則知使者之爲子顯矣、孟子公孫丑篇孟子之平陸謂其大夫曰、不言平陸大夫爲何人、下文云王之爲都者、臣知五人焉、知其罪者惟孔距心、則知平陸大夫爲孔距心矣、雖人之名字亦沒於前而見於後、尤極文字之奇矣。

蒙上文而省例

古人之文有蒙上而省者、尙書禹貢篇終南惇物至於鳥鼠、正義曰、三山空舉山名、不言治意、蒙上既旅之文也、是其例也、又導岍及岐至于荆山、正義曰、從此導岍至敷淺原、舊說以爲三條、導岍北條、西傾中條、嶓冢南條、鄭玄以爲四列、導岍爲陰列、西傾爲次陰列、嶓冢爲次陽列、岷山爲正陽列、今以經文求之、鄭說爲是、導岍言導、西傾不言導、導嶓冢言導、岷山不言導、蓋兩陽列兩陰列各一言導、次陰列蒙正陰列而省、正陽列蒙次陽

列而省也、

禮記玉藻篇、君羔幦虎犆、大夫齊車、鹿幦豹犆、朝車、此言人君羔幦虎犆之車、大夫以爲齊車、人君鹿幦豹直之車、大夫以爲朝車也、鹿幦上亦當有君字、朝車上亦當有大夫字、蒙上而省也、下云士齊車鹿幦豹犆、則自言士制、不蒙此文、鄭誤以大夫齊車至士齊車鹿幦豹犆爲一節、爲之說曰臣之朝車與齊車同飾、然則但曰大夫士齊車朝車鹿幦豹犆、豈不簡而易明乎、定四年左傳、楚人爲食、吳人及之、奔食而從之、此文奔字、一字爲句、言楚人奔也、食而從之、四字爲句、言吳人食楚人之食、食畢而遂從之也、奔上當有楚人字、食而從之上當有吳人字、蒙上而省也、杜注曰奔食食者走、則奔食二字、文不成義矣。

探下文而省例

即述聞上文因下而省例

夫兩文相承蒙上而省、此行文之恒也、乃有逆探下文而預省上字此則爲例更變而古書亦往往有之、堯典舜生三十徵庸、三十在位、五十載、因下句有載字而上二句皆不言載、孟子滕文公篇夏后五十而貢殷人七十而助周人百畝而徹、因下句有畝字而上二句皆不言畝、是探下文而省者也、詩七月在野八月在宇九月在戶十月蟋蟀入我牀下、鄭箋云自七月在野至十月入我牀下皆謂蟋蟀也、按此亦探下文而省、初無意義、正義曰退蟋蟀之文在十月之下者以人之牀下非蟲所當入故以蟲名附十月之下、所以婉其文也、斯曲說矣牀不既非蟲所當入何反以蟲名附十月之下乎、

大戴記本命篇、故男以八月而生齒、八歲而毀齒、一陰一陽然後成道、二八十六然後情通、然後其施行、女七月生齒、七歲而毀、二七十四然後其

化成、合於三也、小節也、中古男三十而娶、女二十而嫁、合於五也、中節也、太古男五十而室、女三十而嫁、備於三五、合於八十也、按合於三不言三十、合於五不言五十、皆因合於八十句有十字而省也、孔氏廣森作補注乃刪去十字、正作合於八也、蓋未達古書之例、

舉此以見彼例

孔子曰、舉一隅不以三隅反、則不復也、是以古書之文、往往有舉此以見彼者、禮記王制篇、大國之卿不過三命、下卿再命、小國之卿與下大夫一命、鄭注曰、不著次國之卿者、以大國之下互明之、正義曰、以大國之卿不過三命、則知次國之卿不過再命、大國下卿再命、則知次國下卿一命、故云互明之、又喪大記篇、復者朝復、君以卷、夫人以屈狄、鄭注曰、君以卷謂上公也、夫人以屈狄、互言耳、上公以袞、則夫人用褘衣、而侯伯以鷩、其夫

人用揄狄、子男以毳、其夫人乃用屈狄矣、正義曰、男子舉上公、婦人舉子男之妻、男子舉上以見下、婦人舉下以見上、是互言也、又祭法篇燔柴於泰壇、祭天也、瘞埋於泰折、祭地也、用騂犢、鄭注曰、地陰祀用黝牲、與天俱用犢、連言爾、正義曰、祭地承祭天之下、故連言用騂犢也、凡此之類皆是舉此以見彼、學者所當以三隅反者也。

顧氏炎武日知錄曰、以紂爲弟、且以爲君、而有微子啟、以紂爲兄之子、且以爲君、而有王子比干、竝言之則於文有所不便、故舉此以該彼、此古人文章之善、且如郊社之禮、所以事上帝也、不言后土、地道无成而代有終也、不言臣妻、先王居檮杌於四裔、不言渾敦窮奇、饕餮、後之讀書者、不待子貢之明、亦當聞一以知二矣、

錢氏大昕養新錄曰、古人著書舉一可以反三、故文簡而義無不該、姑即

許氏說文言之、木東方之行、金西方之行、火南方之行、水北方之行、則土爲中央之行可知也、鹹北方味也、而酸苦辛甘皆不言方、羽水音也、而宮商徵角皆不言音、青東方色也、赤南方色也、白西方色也、而黑不言北方、黃地之色也、而元不言天之色、鐘秋分之音、鼓春分之音、而不言二至、笙正月之音、管十二月之音、而不言餘月、龍鱗蟲之長、而毛羽介蟲之長不言、皆舉一以見例、非有遺漏也、

昭四年左傳、左師獻公合諸侯之禮六、子產獻伯子男會公之禮六、其曰公者、蓋兼侯而言、公合諸侯、謂公侯合伯子男也、伯子男會公、謂伯子男會公侯也、哀十三年傳、伯合諸侯、則侯帥子男以見於伯、此伯字杜注謂諸侯長、非五等之伯、其曰侯者、蓋兼公而言、其曰子男者、蓋兼伯而言、謂公侯帥子男以見於伯也、古者公侯爲一等、伯子男爲一等、故舉公可以

兼侯、舉侯可以兼公、舉子男可以兼伯、亦舉此以見彼之例也。

因此以及彼例

古人之文省者極省、繁者極繁。省則有舉此見彼者矣。繁則有因此及彼者矣。日知錄曰（廿七通鑑注）古人之辭寬緩不迫、得失失也、史記刺客傳多人不能無生得失、利害害也、史記吳王濞傳擅兵而別多佗利害、緩急急也、史記倉公傳緩急無可使也、游俠傳緩急人所時有也、成敗敗也、後漢書何進傳先帝嘗與太后不快幾至成敗、同異異也、吳志孫皓傳注蕩異同如反掌晉書玉彬傳江州當人强盛時能立異同、贏縮縮也、吳志諸葛恪傳一朝贏縮、人情萬端、禍福禍也、晉歐陽建臨終詩成此禍福端、按此皆因此及彼之辭。古書往往有之。禮記文王世子篇、養老幼於東序、因老而及幼、非謂養老兼養幼也、玉藻篇大夫不得造車馬、因車而及馬、非謂造車兼造

注父以他故居異邦而生己已及此親存時歸見之今其死於喪服年月已過乃聞之父爲之服己則否者不責非時之恩於人所不能也謂己生後乃遭喪且昆弟不更言謂同父者

段茂堂云獨言妻弟者以弟姨疊均也釋名曰妻之姊妹曰姨姨弟也言与己妻相長

馬也

禮記雜記篇、爲妻父母在不杖不稽顙、正義曰、按喪服云、大夫爲適婦爲喪主、父爲己婦之主、故父在不敢爲婦杖、若父沒母在、不爲適婦之主、所以母在不杖者、以父母尊同、因父而連言母、然則因此及彼、經固有此例矣、喪服小記篇、生不及祖父母諸父昆弟、而父稅喪、己則否、按己生之年所不及者、安得有弟、王氏以爲諸父之昆弟、則諸父二字足以包之、何必曰諸父昆弟乎、劉氏蔡氏以弟爲衍文、庾氏又曲爲之說、謂死者爲昆己爲弟、不知昆弟親同、因昆而連言弟、亦猶父母尊同、因父而連言母耳、不達古書之例、難以說經矣

說文女部、妻之女弟同出爲姨、按周易渙六四、匪夷所思、釋文曰、夷荀本作弟、又明夷六二、夷於左股、釋文曰、夷子夏本作睇、又作眱、然則女弟謂

弟也。案此相長弟之釋，則無姊妹者無姨之稱矣。此云因妹而連言姊，似非。

李汝白云：謂鄭伯也句非不是，即欲連文足之，則公與侯連也，侯與伯連也，子與男連也，不過下兼一等，豈得越子而言男。知王杜之說爲不然矣。大行人男服在甸服之外，康誥侯甸男采衛，酒誥越在侯甸男衛，男服皆次在甸服之後。上文卑而重貢者甸服也，則此卑男服，明其在甸服之外，不背與甸服同貢也。貢服之說庶爲近之。

之姨，正以聲近而義通。爾雅釋親曰：妻之姊妹同出爲姨。此蓋因妹而連言姊也。

昭十三年左傳：鄭伯男也。正義曰：周語云：鄭伯男也。王而卑之，是不尊貴也。王肅注此與彼皆云：鄭伯爵而連男言之，足句辭也。按王說得之。鄭衆、服虔云：鄭在男服。賈逵云：男當作南，謂南面之君，並曲說耳。

管子禁藏篇：外內蔽塞，可以成敗。按此欲其敗，非欲其成，而曰可以成敗，乃因敗而連言成也。王氏讀書雜志謂成當爲或，非是。

古書疑義舉例卷二終

民國三十四年九月十六日閱畢

雙流李天根校字

小匡篇上文桓公能假其群臣之謀以益其智也則其相大夫正承群臣而言下文管仲曰臣不如隰朋甯戚王子城父賓胥無東郭牙此五子

古書疑義舉例卷三

德清俞樾箸

古書傳述亦有異同例

古曰在昔，昔曰先民，蓋古人之書亦未必不更本於古也，然其傳述或有異同，不必盡如原本。閻氏若璩四書釋地又續曰：論語杞宋並不足徵，中庸易其文曰有宋存。孔子世家言伯魚生伋，字子思，嘗困于宋，子思作中庸。中庸既作於宋，易其文，殆爲宋諱乎？且爾時杞既亡而宋獨存，易之亦與事實合。按閻氏此論可謂入微，書疑十年，爲之氷釋。至宋氏翔鳳附會公羊家說，黜杞而存宋，雖亦巧合，然以本文語氣求之，疑未必然也。

管子小匡篇：其相曰夷吾，大夫曰甯戚、隰朋、賓胥無、鮑叔牙，用此五子者何功？按五子當作四子，淺人見上有五人而改易其數，不知非作書者之

者夷吾一不如君若欲治國彊兵則五子者存矣若欲霸王夷吾在此則何功二字應如注云言何功而不成若如俞説則上下文隔閡矣

上文見杜德幾見善者幾俱有解説此衡氣幾亦當有説九淵即其説也郭象曰雖波流九變治亂紛紜若居其極者常澹然自得泊乎无爲也此正謂衡

意也。此本國語齊語之文，其文曰：惟能用管夷吾、甯戚、隰朋、賓須無、鮑叔牙之屬而伯功立。此是齊國史記所載，乃當時公論也。小匡一篇多與齊語同，蓋管氏之徒剌取國史以爲家乘，於是更易其文，專美夷吾，明桓公之霸由其相夷吾，若用此四子，何功之有。下文曰則唯有明君在上、察相在下也，正見齊桓明君，夷吾察相，相得而成，非由此四子也。以齊語參校，改易之迹顯然矣。

列子黃帝篇：是殆見吾衡氣幾也。鯢旋之潘爲淵，止水之潘爲淵，流水之潘爲淵，濫水之潘爲淵，沃水之潘爲淵，氿水之潘爲淵，雍水之潘爲淵，汧水之潘爲淵，肥水之潘爲淵，是爲九淵。嘗又與來。按上文是殆見吾杜德幾也，嘗又與來；又曰是殆見吾善者幾也，嘗又與來；而此文是殆見吾衡氣幾也，下乃羅列九淵，不特全無意義，且於文氣亦隔絕矣。疑此五十八字乃它處之錯簡莊子應帝王篇卽用此篇文止列首三句而總之曰淵有九名此處三焉蓋以其與本篇文義無關而古本相傳又不敢竟從芟薙姑存大略耳此亦古人述古之一例也

禮記月令篇孟春行夏令則雨水不時按仲春之月始雨水則孟春之月而雨水卽爲不時矣漢太初以後更改氣名以雨水屬正月正月雨水不復爲異故呂氏春秋孟春紀淮南子時則篇竝作風雨不時此太初以後所追改以合本朝之制者也

國語魯語齊孝公來伐章曰昔者成王命我先君周文公及齊先君太公曰女股肱周室以夾輔先王按曰齊先君太公者別於魯先君太公也魯亦自有太公卽伯禽是也上文魯饑章大懼殄周公太公之命祀周公旦太公伯禽竝謂魯先君蓋古始封之祖竝有太稱說詳羣經平議此云齊

今棄注文穿鑿以見其異惡可哉上文云大懼之周公太公之命祀又其周公太公及百辟神祇實永饗而賴之賈唐二君云周公爲太宰太公爲太師皆掌命諸侯之國所當祀也

先君太公、正古人屬辭之密、左傳易其文曰昔周公太公、股肱周室、以夾輔成王、則刪改原文而失其義矣、又韋昭注夾輔先王句曰、先王武王也、蓋此本成王之命、故美其夾輔武王之功、左傳易之曰夾輔成王、抑又失其義矣、轉相傳述、非復元文、雖古書亦不能無此失也

古人引書每有增減例

引書用意

日知錄曰、書泰誓受有億兆夷人離心離德、予有亂臣十人同心同德、左傳引之則曰太誓所謂商兆民離、周十人同者衆也、淮南子舜釣於河濱期年而漁者爭處湍瀨、以曲隈深潭相與、爾雅注引之則曰漁者不爭隈、此皆略其文而用其意也、按今泰誓僞書、即因左傳語而爲之、不足據、然管子法禁篇引太誓曰紂有臣億萬人、亦有億萬之心、武王有臣三千而一心、則太誓原文詳而傳所引略、誠如顧氏說也、又按後漢書郅惲傳、盖

軻以彊其君之所不能爲忠量其君之所不能爲賊亦是略其文而用其意蓋古人引書原不必規規然求合也○

孔叢子孔臧與子琳書引詩曰操斧伐柯其則不遠三國志杜恕上疏云昔周公戒魯侯曰無使大臣怨何不以晉書載記苻離上書於苻堅曰詩曰兄弟急難朋友好合又律歷志楊偉云孟軻所謂方寸之基可使高於岑樓者也宋書彭城王義康傳詩云兄弟雖鬩不廢親也又顧覬之傳曰明又稱天之所支不可壞天之所壞不可支南齊書蕭子良與孔中丞書孟子有云君王無好智君王無好勇舊唐書孫伏伽傳論語云一言出口駟不及舌又崔元亮傳孟軻有言衆人皆曰殺之未可也凡此皆用其意而略其文詳見秀水沈氏懷小篇按東坡集上神宗皇帝書引書曰謀及卿士至於庶人翕然大同乃底元吉若違多而從少則靜吉而作凶此亦

以意引經北宋時人猶讀古書其體裁有自也。

說文引詩往往有合兩句爲一句者如齊風鷄鳴篇東方明矣朝既昌矣

許引二句爲一句當由轉寫筆誤

日部引作東方昌矣大雅緜篇混夷駾矣維其喙矣口部引作犬夷呬矣

合二句爲一句与東方昌矣相似

皆是也又酉部醺下引詩公尸來燕醺醺按此亦合兩句爲一句者今詩

鳧鷖篇云公尸來止熏熏旨酒欣欣熏熏欣欣傳寫誤倒本作公尸來止

欣欣旨酒熏熏熏熏以旨酒言猶下句燔炙芬芬芬芬以燔炙言也作熏

者叚字說文作醺者正字觀其字從酉可知其當在旨酒下也乃觀毛傳

所訓是毛公作傳時已誤宜近世治說文者莫能見及此矣

禮記中庸篇衣錦尚絅正義曰詩本文云衣錦褧衣此云尚絅者斷絕詩 截

文也又俗本云衣錦褧裳按以俗本推之古本禮記當作衣錦絅尚尚者

裳之叚字詩本文云衣錦褧衣裳錦褧裳而記人撮舉其辭曰衣錦絅尚

或簸或舀此稱或舂或揄也簸字系一時筆誤耳

段茂堂云許以來燕熏熏釋此篆之从酉熏正与釋寷釋莤釋刑釋庸之引易同例此亦引經釋會意之例也

正義云此詩衛風碩人之篇美莊姜之詩言莊姜初嫁在塗衣著錦衣爲其文之大著尚著襌絅加於錦衣之上案詩本文云衣錦褧衣此云尚褧者斷截

詩文也又俗本云衣錦褧裳又與定本不同蓋定本即作衣錦尚絅斷截詩句者謂斷截衣錦二字記者以尚絅二字足之今舍碩人而引丰合兩句爲一當云約舉不得謂之斷截俗本因詩本文又誤衣爲裳衣耳丰當謂本有衣錦絅衣四字衣錦尚絅則釋詩之詞也故鄭箋詩而用其義碩人箋褧襌也當之以襌衣爲其文之大著者丰箋褧襌也蓋以襌縠爲之中衣裳用錦而加襌縠焉爲其文之大著也

亦猶東方昌矣犬夷呬矣也比俗本衣錦褧裳正是古本相傳之舊但易段字而爲本字耳後人不知古人引經自有此例又不通段借遂移尙字於絅字之上於義不可通矣

稱謂例

古人稱謂或與今人不同有以父名子者左傳成十六年潘尫之黨（黨潘之子）襄廿三年申鮮虞（傳摯申鮮虞子）之傳摯是也有以夫名妻者左傳昭元年武王邑姜是也立見日知錄今按漢書外戚傳孝宣皇后父奉光封邛成侯成帝即位爲太皇太后時成帝母亦姓王氏故世號太皇太后爲邛成太后亦以父名子也漢書燕剌王旦傳旦姊鄂邑蓋長公主張晏曰蓋侯王信妻也師古曰當是信子頃侯充此亦以夫名妻也

昭十二年左傳殺獻太子之傳庾皮之子過按子字衍文本作庾皮之過

亦是以父名子之例、據釋文潘尫之黨、一本作潘尫之子黨、申鮮虞之傳摯、本或作申鮮虞之子傳摯、蓋皆後人不達古人稱謂之例而妄加之、

又有以母各（名）女者、襄十九年左傳齊侯娶于魯曰顏懿姬、其姪鬷聲姬、杜注曰顏鬷皆二姬母姓、因以爲號、是也、史記秦本紀申侯言於孝王曰昔我先驪山女、正義曰、申侯之先娶於驪山、按驪山女蓋娶於驪山所生之女、是亦以母名女也、

又有以子名母者、隱元年惠公仲子是也、穀梁傳曰、禮賵人之母則可、賵人之妾則不可、君子以其可辭受之、蓋繫仲子於惠公、明周以其爲惠公之母而賵之、非以其爲孝公之妾而賵之也、此春秋正名之義也、

至於禮經所稱、則有以事目其人者、特牲饋食禮、三獻作止爵、鄭注曰、賓也、謂三獻者以事命之、是也、下文嗣舉奠盥入、按嗣舉奠三字連文、嗣子

始設奠於奥迎尸之前謂之陰厭張稷若曰舉陰厭時祝所奠于鉶南之爵而飲之舉奠本言其事下文遂以目其人謂嗣爲舉奠周礼内宰使治外内命婦正其服位注内命婦謂九嬪世婦女御鄭司農云外命婦卿大夫之妻王命其夫后命其婦喪服經大夫命婦傳云命婦者其婦人之爲大夫妻者也鄭[illegible]注云命者加爵服之名自士至上公凡九等君命其夫則后夫人亦命其妻矣玉藻君命屈狄再命褘衣一命襢衣此外命婦也先後鄭俱云后命之也世婦内命婦也祭義云下三宮之夫人世婦之吉者使入蠶于蠶室世婦卒

盥入而尸爲之舉鉶南所奠之爵、故即命之曰嗣舉奠、亦以事目其人之例也、鄭注曰、舉猶飲也、則失其義矣、又禮記王后褘衣、夫人揄狄、君命屈狄、按君命謂世婦也、下文云唯世婦命於奠繭、此經不直曰世婦屈狄、而云君命屈狄者、若言世婦屈狄、則是凡世婦皆得服之矣、故必曰君命屈狄、乃見世婦因奠繭、而君命之、始得服也、此亦以事目其人之例也、鄭注曰君、女君也、又失其義矣、

禮記祭義篇易抱龜南面、鄭注曰易官名、按此亦以事目其人、非必官名也、

寓名例

史記萬石君傳、長子建、次子甲、次子乙、次子慶、甲乙非名也、失其名而假以名之也、漢書魏相傳中謁者趙堯舉春、李舜舉夏、兒湯舉秋、貢禹舉冬、

蠶遂獻繭于夫人月
令后妃獻繭乃收繭
稅注云后妃獻繭者
內命婦獻繭於后
妃收繭稅者收於外
命婦君命者注云
此子男之夫人及其卿
大夫士之妻命服
豈是君命之命與下
再命一命之命皆
謂命服喪大記曰復
者朝服夫人以屈狄
世婦以禮衣是世婦
命服爲禮衣也

不應一時四人同以堯舜禹湯爲名，皆假以名之也。說詳日知錄。

莊列之書多寓名，讀者以爲悠謬之談，不可爲典要。不知古立言者自有此體也。雖論語亦有之，長沮桀溺是也。夫二子者問津且不告，豈復以姓名通於吾徒哉？特以下文各有問答，故爲假設之名以別之，曰沮曰溺，惜其沈淪而不返也。桀之言傑然也，長與桀指目其狀也。以爲二人之眞姓名，則泥矣。

孝經正義引劉炫述義曰：炫謂孔子自作孝經，本非曾參請業而對也。夫子運偶陵遲，禮樂崩壞，名教將絕，特感聖心，因弟子有請問之道，師儒有教誨之義，故假曾子之言以爲對揚之體，乃非曾子實有問也。若疑而始問，答以申辭，則曾子應每章一問，仲尼應每問一答。按經夫子先自言之，非參請也；諸章以次演之，非待問也。且辭義血脈，文連旨環，而開宗題其

端緒餘音廣而成之非一問一答之勢也理有所極方始發問又非請業
請答之事首章言先王有至德要道則下章云此之謂要道也非至德其
孰能順民皆遙結首章答曾子也（按答上疑奪非字）舉此爲例凡有數科必其主
爲曾子言首章答曾子已了何由不待曾子問更自述而明之且首起曾
參侍坐與之論孝開宗明義上陳天子下陳庶人語盡無更端於曾子未
有請故假參歎孝之大又說以孝爲理之功說之已終欲言其聖道莫大
於孝又假參問乃說聖人之德不加於孝在前論敬順之道未有規諫之
事故須更借曾子言陳諫諍之義此皆孔子須參問非參須問孔子也莊
周之斥鷃笑鵬罔兩問影屈原之漁父鼓枻太卜拂龜馬卿之烏有亡是
楊雄之翰林子墨甯非師祖製作以爲楷模者乎按劉氏此論最爲通達
然非博覽周秦古書通於聖賢著述之體未有不河漢斯言者矣

離婁下君之視臣如土芥注若草芥也焦疏云哀元左傳逢滑曰臣聞國之興也視民如傷是其福也其亡也以民為土芥是其禍也

引易注舟楫集板如今自空大木為之曰虛即古又名曰虛總名皆曰舟

以大名冠小名例

荀子正名篇曰物也者大共名也鳥獸也者大別名也是正名百物有共名別名之殊乃古人之文則有舉大名而合之於小名使二字成文者如禮記言魚鮪魚其大名鮪其小名也左傳言鳥烏鳥其大名烏其小名也孟子言草芥草其大名芥其小名也荀子言禽犢禽其大名犢其小名也皆其例也

禮記月令篇孟夏行春令則蝗蟲爲災仲冬行春令則蝗蟲爲敗王氏引之曰蝗蟲皆當爲蟲蝗此言蟲蝗猶上言蟲螟後人不知而改爲蝗蟲謬矣按上言蟲而下言蝗上言蟲而下言螟蟲其大名也蝗螟其小名也

中孚傳曰乘木舟虛也按正義引鄭注曰空大木爲之曰虛總名皆曰舟然則舟虛竝言舟其大名虛其小名也王注曰乘木於用舟之虛[illegible]說殊

則終已无溺也

辰當爲麎馬元伯言也傳云冬夏春秋之獻[illegible]辰训時之定說攷箋亦云時牡甚肥大言禽獸得其所

不了輔嗣徒習淸言未達古義也王肅曰中孚之象外實內虛有似可乘虛木之舟也

爾雅釋獸麋牡麔牝麎鹿牡麚牝麀秦風駟鐵篇奉時辰牡辰即麎之叚字詩言麎牡猶襄四年左傳言麀牡也蓋以凡獸言之則爲牝牡專以麋言則爲麎麔專以鹿言則爲麀麚乃詩言麎牡傳言麀牡牡者通凡獸而言其大名也曰麎曰麀專以麋鹿言其小名也毛公傳詩訓辰爲時古語之不能通曉自六國時已然矣

以大名代小名例

古人之有舉大名以代小名者後人讀之而不能解每每失其義矣儀禮既夕篇乃行禱于五祀鄭注曰盡孝子之情五祀博言之士二祀曰門曰行推鄭君之意蓋以所禱止門行二祀而曰五祀者博言之耳五祀其大名也曰門曰行其小名也祀門行而曰五祀是以大名代小名也賈疏曰

今禱五祀是廣博言之望助之者衆則誤以爲眞禱五祀矣

荀子正論篇雍而徹乎五祀楊注於乎字絕句引論語曰三家者以雍徹言其僭也劉氏台拱曰此當以雍而徹乎五祀爲句謂徹乎竈也周禮膳夫職云王卒食以樂徹于造造竈古字通大祝六祈二曰造故書造作竈專言之則爲竈連類言之則曰五祀若謂丞相爲三公左馮翊爲三輔也

按劉氏此說深得古義足證明鄭注博言之義矣

春秋之例通都大邑得以名通則不繫以國如楚丘不書衛下陽不書虢是也若小邑不得以名通則但書其國而不書其地如盟于宋會于曹必有所在之地而其地小名亦不著書之史策後世將不知其所在故以國書之此亦舉大名以代小名之例也後儒說春秋謂不地者即於其都也失之

正義云三秋謂九月也
又云積月成時積時成
歲欲先少而後多故
以月秋歲爲次也東方
朔傳之三冬無相比次
者故當爲三歲

以小名代大名例

又有舉小名以代大名者。詩采葛篇：「一日不見，如三秋兮。」三秋即三歲也。歲有四時而獨言秋，是舉小名以代大名也。漢書東方朔傳：「年十三學書，三冬文史足用。」三冬亦即三歲也。學書三歲而足用，故下云「十五學擊劍」也。注者不知其舉小名以代大名，乃泥冬字爲說，云「貧子冬日乃得學書」，失其旨矣。

呂氏春秋壅塞篇：「此戴氏之所以絶也。」按此即上文齊滅宋之事。戴氏爲宋公族，孟子書有戴盈之、戴不勝，韓非子內儲說有戴驩爲宋太宰，蓋皆戴公之後，世執國柄，與國同休戚者。宋亡則戴氏絶矣。不曰「此宋之所以亡也」，而曰「此戴氏之所以絶也」，亦是以小名代大名之例。此句即結上之辭，非別一事也。高誘注未達其旨。

馬元伯曰白虎通卜赴也古卜音近赴亦与付近故訓予忠案即付借

以雙聲疊韻字代本字例

集與就雙聲，而詩小旻篇集與猶咎道爲韻，是即以集爲就也，戎與汝雙聲，而詩常武篇戎與祖父爲韻，是即以集爲就也，此以雙聲字代本字之例也。

尙書微子篇天毒降災荒殷國，史記宋微子世家作天篤下災亡殷國，篤者厚也，言天厚降災咎，以亡殷國也，篤與毒亡與荒皆疊韻，此以疊韻字代本字之例也。

詩天保篇君曰卜爾，萬壽無疆，傳曰卜予也，楚茨篇卜爾百福，箋義亦同，按卜之訓予，雖本爾雅，然其義絕遠，余嘗疑此卜字卽檀弓卜人師扶右之卜，當讀爲僕，僕者古人自謙之稱，故訓予與台朕陽一例，非賜予之予也，毛鄭以之說詩，殆未可從，大田篇秉畀災火，韓詩秉作卜，卜報也，卜爾

上帝耆之憎其式廓耆者老也天須假此二國養之至老猶不悛改憎其所用為惡者寖大也又云二國謂今殷紂及崇侯也正義云天以二國雖惡猶待其改悔而暇優緩未即憎惡至老猶不變改上天始憎惡之其所用為惡者正謂暴虐之政也

之卜亦當訓報卜爾者報爾也以雙聲字代本字也

夏小正黑鳥浴傳曰浴也者飛乍高乍下也按飛乍高乍下何以謂之浴義不可通浴者俗之誤字說文俗習也黑鳥俗即黑鳥習也說文習數飛也傳所謂飛乍高乍下者正合數飛之義俗習雙聲故即以俗字代習字耳孔疏浴者言鳥乘暗飛上下若浴然

夏與暇疊韻尚書多方篇天惟五年須暇之子孫暇即夏字言天既降喪于殷以夏后氏有大功德于民故以五年須待夏后氏之子孫冀其克念作聖而作民主也詩皇矣篇鄭注引此經正作須夏之子孫尚書以暇代夏乃以疊韻字代本字

詩言須暇者多方云天維五年須夏之子孫注云夏之言暇天觀紂能改故須暇五年也彼言須暇謂暇其終至五年紂終使復傳子孫五年者文王八年至十三年謂武王時須暇紂而未殺此則須暇而未惡之其意既同故引以為說

穀與祿疊韻禮記檀弓篇齊穀王姬之喪按此王姬乃齊僖公之夫人魯莊公之外祖母故下文有或曰外祖母之說僖公名祿父此云齊穀猶云

注穀當為告聲之誤也

齊環　襄十六齊環怙恃其險　定四年其載書曰王若曰晉重魯申衛武蔡甲午鄭捷齊潘宋王臣莒期

哀二十五傳褚師出公戟其手曰必斷而足　注抵徒手屈肘如戟形

齊祿、斥其名而繫以國、亦猶齊潘齊環之比、齊穀王姬、以夫名妻、亦猶武王邑姜之比、古人自有此稱也、不曰齊祿而曰齊穀、以疊韻字代本字也、鄭注曰穀當爲告、失其義矣、古書多叚借雙聲疊韻字之通用者不可勝舉、畧舉一二以例其餘

以讀若字代本字例

錢氏潛研堂集曰、漢人言讀若者、皆文字叚借之例、不特寓其音、并可通其字、即以說文言之、鄦讀若許、詩不與我戍許、春秋之許田許男、不必從邑從無也、𨛦讀若薊、禮記封黃帝之後於薊、不必從邑從契也、璹讀若淑、爾雅璋大八寸謂之琡、即淑之譌、不必從玉從壽也、珣讀若宣、爾雅璧大六寸謂之宣、不必從玉從旬也、赹讀若煢、詩獨行煢煢、不必從走從勻也、趨讀若匐、詩匍匐救之、不必從走從音也、𢧢讀若戟、春秋傳公𢧢其手、不

業讀業也　業如孟子書之僕僕
趙云煩猥皃

必作丮也。欐讀若柅，易繫於金柅，不必改爲欐也。勼讀若鳩，書方鳩僝不
功必改爲勼也。慴讀若疊，詩莫不震疊，不必改爲慴也。奡讀若傲，書無若
作朱傲，不必攷爲奡也。𣗥讀若藪，攷工記以其圍之阞捎其藪，不必改爲
𣗥也。䧤讀爲僕，孟子僕僕爾，不必改爲䧤也。䇂讀爲愆，今經典辠䇂字皆
作愆。刅讀若創，今經典刅業字皆作創。亼讀若集，今經典亼合字皆作集。
羍讀若達，今詩正作達。䍿讀若皇，今周禮正作皇。莧讀與蔑同，今尚書莧
席字正作蔑。嵒讀與聶同，今春秋嵒北字正作聶。叶讀與稽同，今尚書叶
疑字正作稽。雀讀與爵同，[illegible]讀與[illegible]同，今經典[illegible]雀字多用爵敫，敫字皆
用[illegible]。㥯讀與隱同，孟子莊子隱几字不作[illegible]，是皆叚其音，并叚其義，非後
世譬况爲音可回語也。按錢氏此論，前人所未發，頗足備治經之一說。
周易鼎彖傳曰：鼎，象也。按六十四卦皆觀象繫辭，而獨於鼎言象，義不可

杜注委蛇順皃衡橫也橫不順道必毀折則委蛇非不美矣

通虞注曰象事知器故獨言象也此亦曲爲之說耳周易象字依說文當作像說文人部像象也從人象聲讀若養字之養然則鼎象也猶曰鼎養也下文云聖人亨以享上帝而大亨以養聖賢是其義也學者不知象爲養之段字故不得其義

呂氏春秋古音篇伶倫自大夏之西乃之阮隃之陰按隃本文作侖陟上阮字從𨸏而加旁作隃又誤爲隃耳阮者昆之壞字說文繫傳𨸏部阮代郡五阮關也從𨸏元聲讀若昆阮讀若昆故即叚阮爲昆阮侖即昆侖也漢書律志正作昆侖可證凡讀若字義本得通故彼此可以叚借也

美惡同辭例

古者美惡不嫌同辭如退食自公委蛇委蛇詩人之所美也而左傳云衡而委蛇必折則委蛇又爲不美矣豈弟君子民之父母詩人之所美也而

齊子發夕箋云文姜發夕由之往會襄公曾無慚恥之色正義本此言其樂易者著其無恥耳連章同義箋例如此非以其美而非刺而易之

傳伴奐廣大有文章也陳碩甫曰說文伴大皃論語泰伯篇奐乎其有文章稽古篇謂文鄭解則与優游義複不如毛義之當

齊風云魯道有蕩齊子豈弟傳曰言文姜於是樂易然正義足成其義曰於是樂易然曾無慚色則豈弟又爲不美矣齊子豈弟本與下章齊子翺翔一律而鄭必破作闓圛謂與上章齊子發夕一律蓋以他言豈弟者皆美而非刺故不從傳義不知古人美惡不嫌同辭學者當各依本文體會未可徒泥其辭也

詩皇矣篇無然畔援箋云畔援猶跋扈也韓詩曰畔援武強也按畔援即畔喭論語先進篇鄭注子路之行失於畔喭正義曰言子路性行剛強常畔喭失禮容也正與鄭韓義合喭之爲援猶畔之爲叛聲近而義通矣玉篇又作無然伴換古雙聲疊韻字無一定也卷阿篇伴奐爾游矣伴奐即伴換也箋曰伴奐自縱弛之意蓋即跋扈之意而引申之是故畔援也伴奐也一而已矣畔援爲不美之辭而伴奐爲美之之辭美惡不嫌同辭也

傳判分渙散也正義引王肅云將予就繼先人之道業乃分散而去言己才不能繼陳碩甫曰漢書翟義傳王莽詔惟經藝分析王道離散漢家制作之業獨未成就此与詩義合

閒居正義云嗜欲謂王位也王位是聖人所貪欲云嗜欲祭統正義云言父圖能興行先祖舊德嗜欲所爲忠按說文嗜欲喜之也貪亦喜也其喜爲王位爲舊德則美[illegible]聲色滋味則惡[illegible]美惡參于物非參于喜也

訪落篇將予就之、繼猶判渙、判渙亦即伴奐也、傳箋均未得判奐之義、判渙亦自縱弛也、言將助我而就之、猶不免於縱弛也、是故伴奐也、判渙也、一而已矣、伴奐爲美之之辭、判渙又爲不美之辭矣、美惡不嫌同辭也、禮記孔子閒居篇、耆欲將至、鄭注曰、謂其王天下之期將至也、按中庸篇禍福將至、此云耆欲[illegible]福也、美惡不嫌同辭、月令篇節耆欲、[illegible]耆欲以耆欲之不善者言也、祭統篇興舊耆欲、此云耆欲將至、以[illegible]欲之善者言也、王肅作家語、改作有物將至、[illegible]微其不達古義矣、

高下相形例

日長至君子齊戒處必掩身毋躁止聲色毋或進薄滋味毋致和節耆欲定心气

日短至君子齊戒處必掩身身欲寧去聲色禁耆欲安形性事欲靜

昭十三年、子產子大叔相鄭伯以會、子產以幄幕九張行、子大叔以四十、既而悔之、每舍損焉、及會亦如之、癸酉退朝、子產命外僕速張於除、子大叔止之、使待明日、及夕、子產聞其未張也、使速往、乃無所張矣、注曰、傳言

子產每事敏於大叔、按子產與子太叔皆鄭國賢大夫、傳者欲言子產之敏、乃極言子太叔之不敏、此高下相形之例也、禮記檀弓篇、曾子襲裘而弔、子游裼裘而弔、曾子指子游而示人曰、夫夫也爲習於禮者、如之何其裼裘而弔也、主人既小斂袒括髮、子游趨而出、襲裘帶絰而入、曾子曰我過矣我過矣、夫夫是也、按曾子子游皆聖門高弟、記人欲言子游之知禮、乃先言曾子之不知禮、亦高下相形之例也、後世記載之家、但有簿領而無文章、莫窺斯秘、於是讀古人之書、亦不得其抑揚之妙、徒泥字句以求之、往往失其義矣、

孟子離婁篇、曾子養曾晳、必有酒肉、將徹必請所與、問有餘、必曰有、曾晳死、曾元養曾子、必有酒肉、將徹不請所與、問有餘、曰亡矣、將以復進也、此亦舉曾元之養口體、以形曾子之養志、學者不可泥乎其詞、

敍論竝行例

僖三十三年左傳秦伯素服郊次鄉師而哭曰孤違蹇叔以辱二三子孤之罪也不替孟明孤之過也大夫何罪且吾不以一眚掩大德王氏念孫曰不替孟明下有曰字而今本脫之不替孟明及曰字皆左氏記事之詞自孤之過也下方是穆公語上文穆公鄉師而哭既罪己而不罪人矣於是不廢孟明而復用之且謂之曰孤之過也大夫何罪若如今本穆公既以不替孟明爲已過則孟明不可用矣何以言大夫何罪又言不以一眚掩大德乎今按王氏解不替孟明句是也謂今本脫曰字非也自唐石經以來各本皆無曰字未可以意增加蓋古人自有敍論竝行之例前後皆穆公語中間著此不替孟明四字竝未間以他人之言孤違蹇叔與孤之罪也語出一口讀之自明原不必加曰字也如昭三年傳則使宅人反之

且諺曰非宅是卜唯鄰是卜二三子先卜鄰矣按則使宅人反之左氏記事之辭且諺曰以下晏子之語中間無曰字即其例矣

史記屈原傳敘事中間以議論論者以爲變體愚按趙世家云以至父子俱死爲天下笑豈不悲乎魏世家云惠王之所以身不死國不分者二家謀不和也若從一家之謀魏必分矣故曰君終無適子其國可破也皆於敘事中入議論古人之文無定法也

實字活用例

宣六年公羊傳勇士入其大門則無人門焉者上門字實字也下門字則爲守是門者矣襄九年左傳門其三門下門字實字也上門字則爲攻是門者矣此實字而活用者也爾雅釋山大山宮小山霍郭注曰宮謂圍繞之宮本實字而用作圍繞之義則活矣宣十二年左傳屈蕩戶之杜注曰

傳腹厚也箋腹懷抱也

戶止也戶本實字而用作止義則活矣又如規矩字皆實字國語周語其毋夢神規其臀以墨韋注曰規畫也此規字活用也考工記必矩其陰陽鄭注曰矩謂刻識之也此矩字活用也經典中如此者不可勝舉

執持於手即謂之手公羊莊十二年傳手劍而叱之禮記檀弓篇子手弓而可是也懷抱於腹即謂之腹詩蓼莪篇出入腹我是也史記司馬相如傳手熊羆足野羊注曰手足謂拍蹋殺之手所拍即謂之手足所蹋即謂之足古人用字之法也

尊者酒器也儀禮注曰置酒曰尊則尊字活用矣席也筵也敷布之具也儀禮注曰席敷席也筵布席也則席字筵字活用矣蓋在禮經即有此例史記東越傳即鏦殺王以鏦殺人而即謂之鏦張釋之馮唐傳五日一椎牛以椎殺牛而即謂之椎皆此例也

莊三十一年公羊傳旗獲而過我也解詁曰旗獲建旗縣所獲得以過我也按此解非是閔二年左傳佩衷之旗也杜注曰旗表也然則獲旗而過我謂表示其所獲之物而過我也蓋旌旗之屬所以表示行列國語晉語車無退表韋注曰表旌旗也故旌與旗竝有表義僖二十四年左傳曰旌善人哀十六年傳猶將旌君以徇於國杜注竝曰旌表也旗之爲表猶旌之爲表也旌旗皆實字而用作表示之義則實字而活用矣解者不達此例乃以爲縣所獲於旗豈旌君以徇於國亦將縣之於旌乎

以女妻人即謂之女以食飤人即謂之食古人用字類然經師口授恐其疑誤異其音讀以示區別於是何休注公羊有長言短言之分高誘注淮南有緩言急言之別詩興雨祁祁雨我公田釋文曰興雨如字雨我于付反左傳如百穀之仰膏雨也若常膏之釋文曰膏雨如字膏之古報反苟

知古人有實字活用之例。則皆可以不必矣。

古書疑義卷三終

雙流李天根校字

古書疑義舉例卷四

德清俞樾著

語詞疊用例

大雅緜篇、迺慰迺止、迺左迺右、迺疆迺理、迺宣迺畝、四句中疊用八迺字、蕩篇、曾是彊禦、曾是掊克、曾是在位、曾是在服、四句中疊用四曾是字、尚書多方篇、爾曷不忱裕之于爾多方、爾曷不夾介乂我周王享天之命、今爾尚宅爾宅、畋爾田、爾曷不惠王熙天之命、爾乃迪屢不靖、爾心未愛、爾乃不大宅天命、爾乃屑播天命、爾乃自作不典、圖忱于正、十一句中疊用三爾曷不字、四爾乃字、皆疊用語詞以成文者也。

禮記哀公問篇、即安其居節、醜其衣服、按鄭君作注時、蓋作即安其居、即醜其衣服、故注曰、即就也、醜類也、就安其居處、正其衣服、以一就字總釋兩即字也因即誤作節正義誤以鄭注正字是釋節字而有節正也之說非鄭意矣然鄭注亦未安兩即字均當讀作則古字通大戴禮哀公問於孔子篇作則安其居處醜其衣服可證也此文疊用兩即字皆承上之詞猶云則安其居則醜其衣服也射義篇則燕則譽文法與有同但句有長短耳。

此

言國安則有名譽

周官遂師職辨其丘陵墳衍遼隰之名物之可以封邑者按兩字疊用之名物之可以封邑者並蒙丘陵墳衍遼隰而言蓋既辨其名物又辨其可以封邑者故總言丘陵墳衍遼隰於上而以兩之字分承於下也鄭注以物之二字爲句失其讀矣。

賈子服疑篇是以高下異則名號異則權力異則事勢異則章旗異則符瑞異則禮寵異則秩祿異則冠履異則衣帶異則環珮異則車馬異則妻

妾異、則淫厚異、則宮室異、則牀席異、則器皿異、則飲食異、則祭祀異則死喪異、此十九句疊用十九則字、文法奇絕、建本於則死喪異下、又加則字、是誤於則字絕句、由不達古人文法之變也、又數甯篇、因諸侯附親軌道、致忠而信上耳、自此以下、凡用因字耳字者十、其句法皆同、班固刪改以入漢書、大失賈子之眞、人人習讀漢書、不覩賈子原文、遂亦無襲用此句法者矣。

古人之文、每以故字相承接、似複而寶非複、禮記禮運篇、故君者所明也、非明人者也、君者所養也、非養人者也、君者所事也、非事人者也、故君則人則有過、養人則不足、事人則失位、故百姓則君以自治也、養君以自安也、事君以自顯也、故禮達而分定、故人皆愛其死而患其生、此段一氣相承而用五故字、又樂記篇、是故知聲而不知音者、禽獸是也、知音而不知樂者衆庶是也唯君子爲能知樂是故審聲以知音審音以知樂而治道備矣是故不知聲者不可與言音不知音者不可與言樂此段亦一氣相生而用三是故字。

子書中如此者尤多墨子親士篇是故比干之殪其抗也孟賁之殺其勇也西施之沈其美也吳起之裂其事也故彼人者寡不死其所長故曰太盛難處也故雖有賢君不愛無功之臣雖有慈父不愛無益之子是故不勝其任而處其位非此位之人也不勝其爵而處其祿非此祿之士也韓非子主道篇故曰君無見其所欲君見其所欲臣將自雕琢君無見其意君見其意臣將自表異故曰去好去惡臣乃見素去舊去智臣乃自備故有智而不以慮使萬物知其處有行而不以賢觀臣下之所因有勇而不以怒使羣臣盡其武是故去智而有明去賢而有功去勇而有強若此之

此節本述聞

類並於一簡中疊用故字是故字故曰字獨見古人文氣之厚偶舉此二則以例其餘。

墨子尚賢中篇是以民皆勸其賞畏其罰相率而爲賢者以賢者衆而不肖者寡按相率而爲賢絕句者字乃是字之誤屬下讀惟其相率而爲賢是以賢者衆而不肖者寡也兩句疊用是以字亦古書之恒例今誤作相率而爲賢者則是民之相率爲賢以賢者衆不肖者寡之故義不可通矣。

語詞複用例

古人用助語詞有兩字同義而複用者左傳一薰一蕕十年尚猶有臭尚即猶也禮記人喜則斯陶斯即則也此顧氏炎武說。何謂之庸何文十八年左傳人奪女妻而不怒一抶汝庸何傷庸亦何也詎謂之詎庸莊子齊物論篇庸詎知吾所謂知之非不知邪庸詎知吾所謂不知之非知邪庸

亦訶也安謂之庸安荀子宥坐篇女庸安知君不得之桑落之下庸亦安
也孰謂之庸孰大戴記曾子制言篇庸孰能親汝乎庸亦孰也此王氏引
之說

案尚求其雌象尚猶也
而後乃今即論語
而今而後也

尚書秦誓篇尚猶詢茲黃髮言尚又言猶禮記三年問篇然後乃能去之
言然後又言乃莊子逍遙遊篇而後乃今將圖南言而後又言乃史記孟嘗
君傳乃遂去之秦言乃又言遂漢書食貨志天下大氐無慮皆鑄金錢矣
言大氐又言無慮

本述聞
說

管子山國軌篇曰此若言何謂也地數篇曰此若言可得聞乎輕重丁篇
曰此若言曷謂也言此又言若若亦此也後人不達古語有失其讀者有
誤其文者禮記曾子問篇以此若義也鄭君讀以此爲句若義也爲句則
失其讀矣荀子儒效篇行一不義殺一無罪而得天下不爲也此若義信

螽斯之説當從胡承珙王説實誤

釋詞謂迪是語詞

乎人矣今本若誤作君則誤其文矣由不達古書用助語之例也

句中用虛字例

虛字乃語助之詞或用於句中或用於首尾本無一定乃有句中用虛字而實爲變例者如螽斯羽言螽羽也免斯首言兎首也毛傳以螽斯爲斯螽鄭箋以斯首爲白首均誤以語詞爲實義辨見王氏經傳釋詞禮記射義篇又使公罔之裘鄭注曰之發聲也僖二十四年左傳介之推不言祿杜注曰之語助按於人名氏之中用語助此亦句中用虛字之例也

尚書君奭篇迪惟前人光猶云惟迪前人光也故枚傳曰但欲蹈行先王光大之道又曰天惟純佑命（大佑助其王命）猶云惟天純佑命也故枚傳曰惟天大祐助其王命乃經文不曰惟迪而曰迪惟不曰惟天而曰天惟此亦句中用虛

釋詞云箋曰牧人乃夢見人眾相與捕魚又夢見旐與旟是下維字訓爲與與上維字異義也

此本釋詞

字之例，乃古人文法之變也。

詩無羊篇「牧人乃夢，眾維魚矣，旐維旟矣」。按眾維魚矣，猶云維眾魚矣；旐維旟矣，猶云維旐旟矣。與斯干篇「吉夢維何？維熊維羆，維虺維蛇」一律。彼維字用之句首，而此維字用之句中，乃古人文法之變也。後人不達此例，而異義橫生矣。

上下文變換虛字例

古書有疊句成文而虛字不同者。尚書洪範篇「水曰潤下，火曰炎上，木曰曲直，金曰從革，土爰稼穡」。上四句用曰字，下一句用爰字。爰即曰也。見 爾雅釋魚篇「俯者靈，仰者謝，前弇諸果，後弇諸獵」。前兩句用者字，後兩句用諸字。諸即者也。見釋詞 史記貨殖傳「智不足與權變，勇不足以決斷，仁不能以取予」，上一句用與字，下二句用以字。與即以也。論語述而篇「富而可求也，雖執

王晉卿云案此而字與下句而託其身焉以爲己憂句法正同皆承

鞭之士，吾亦爲之，如不可求，從吾所好。上句用而字，下句用如字。孟子離婁篇：文王視民如傷，望道而未之見。上句用如字，下句用而字，而即如也。禮記文王世子篇：文王九十七乃終，武王九十一而終。上句用乃字，下句用而字，而即乃也。鹽鐵論：忠焉能勿誨乎，愛之而勿勞乎。崔駰大理箴：或有忠能被害，或有孝而見殘。上句用能字，下句用而字，能即而也。墨子明鬼篇：非父則母，非兄而姒。史記欒布傳：與楚則漢破，與漢而楚破。上句用則字，下句用而字，而即則也。

周易繫辭傳：是故變化云爲，吉事有祥。按廣雅釋詁曰：云，有也。變化云爲，即變化有爲，與吉事有祥一律，特虛字不同耳。變化有爲，故象事知器；吉事有祥，故占事知來。正義分變化云爲爲四事，則與下文不屬矣。大戴記哀公問五義篇：口不能道善言，而志不邑邑。按下句本作志不而邑邑，與

上之辭蓋呆不能道善言而志不邑邑與不能遷賢、人善士而託其身焉以爲己憂爲對文某以口不能道善言與而志不邑邑爲對文非是

三年而知鄭國之政也注

上句口不能道善言一律特虛字不同耳而即能也荀子哀公篇作口不能道善言心不知色色心即志也不知即不能也以彼證此其義自見淺人不知而與能通改作而志不邑邑則與上句不倫矣又誥志篇在國統民如恕在家撫官而國按恕乃孥字之誤在國統民如孥在家撫官而國兩句本一律特虛字不同耳而亦如也統民如孥猶言愛民如子孔氏廣森作補注不知恕字之誤乃欲互易其如而兩字爲之說曰君統民而能恕大夫撫私臣如在國則兩句不倫矣禮記檀弓篇爲爾哭也來者拜之知伯高而來者勿拜也按韋昭注國語周語曰知政猶爲政也高誘注呂氏春秋長見篇曰知猶爲也知伯高而來者猶曰爲伯高而來者與爲爾哭也來者相對成文特虛字不同耳正義曰若與伯高相知而來哭者則誤解知字而兩句不一律矣又蠶則績而蟹有匡范則冠而蟬有緌兄則

將爲君子焉將爲小人焉

注聖人象此下之以爲教令

自妾之身之不爲人持接也

子皐

死而爲之衰。按孟子滕文公篇趙注曰爲有也。是有與爲義通。盤有匡即盤爲匡。蟬有綏即蟬爲綏。與子皐爲之衰文義相同。以上兩句喻下一句也。特虛字不同耳。注曰蚩兄死者言其衰之不爲兄死。如盤有匡蟬有綏。不爲蠶之績范之冠也。則與語意不合矣。

爾雅釋詁粤于爰曰也。而爰粤于三字又訓於。是曰於義同。禮記禮運篇其降曰命。其官於天也。言其降於教命者。皆其法於天者也。上句用曰字。下句用於字。亦虛字變換之例。

尹知章注管子戒篇曰。爲猶與也。是爲與義同。列子仲尼篇曰無言與不言無知與不知。亦言亦知。按上云用無言爲言亦言。無知爲知亦知。此承上文而更進一義。猶云無言爲不言。無知爲不知。亦言亦知也。上用爲字此用與字。亦虛字變換之例。

反言省乎字例

嚚訟可乎、乎字已見於堯典、是古書未嘗不用乎字、然乎者、語之餘也、讀者可以自得之、古文簡質、往往有省乎字者、尚書西伯戡黎篇、我生不有命在天、據史記則句末有乎字、呂刑篇何擇非人、何敬非刑、何度非及、史記作何擇非其人、何敬非其刑、何居非其宜乎、則亦當有乎字、皆經文從省故也、

老子弟五章、天地之閒、其猶槖籥乎、易州唐景龍二年刻石本無乎字、弟十章抱一能無離乎、專氣致柔能嬰兒乎、滌除玄覽能無疵乎、愛民治國能無知乎、天門開闔能無雌乎、明白四達能無爲乎、河上公本、此六句竝無乎字、蓋無乎字者古本也、有乎字者後人以意加之也、七十七章是以聖人爲而不恃、功成而不處、其不欲見賢、末句當云其不欲見賢乎、文義

始明、而各本皆未增加、猶老子原文也、逸周書大戒篇、連官集乘同憂若一、謀有不行、按不行下亦當有乎字、謀有不行乎、言必行也、大玄唐次五奔鹿懷鼬得不訾、按得不訾下亦當有乎字、得不訾乎、范望注所謂必肆詆毀於賢者也、法言問明篇鳳鳥蹌蹌、匪堯之廷、按匪堯之庭下亦當有乎字、吳祕曰治則見非堯之庭乎、是其義也、凡若此類、當善會之、雖不可增加以失古書之舊、然亦不可不知讀者毋以反言爲正言。致與古人意旨刺謬也。

助語用不字例

不者弗也、自古及今、斯言未變、初無疑義、乃古人有用不字作語詞者、不善讀之、則以正言爲反言、而於作者之旨大謬矣、斯例也、詩人之詞尤多、車攻篇、徒御不驚、大庖不盈、傳曰不驚驚也、不盈盈也、桑扈篇、不戢不難、受福不那傳曰不戢戢也不難難也那多也不多多也文王篇有周不顯帝命不時傳曰不顯顯也不時時也生民篇上帝不寧不康禋祀傳曰不寧寧也不康康也卷阿篇矢詩不多傳曰不多多也凡若此類傳義已明且晳矣乃毛公亦偶有不照者如思齊篇肆戎疾不殄不語詞也傳曰大疾害人者不絕之而自絕也則誤以不爲實字矣亦有毛傳不誤而鄭箋誤者如常棣篇鄂不韡韡傳曰鄂猶鄂鄂然言外發也韡韡光明也是不語詞也箋云不當爲拊古聲同則誤以不爲跗字矣王氏引之作經傳釋詞始一一辨正之眞空前絕後之學今姑舉數事聊以見例且補王氏所未及

杕杜篇嗟行之人胡不比焉人無兄弟胡不佽焉按兩不字皆語詞爾雅曰行道也行之人即道之人猶荀子性惡篇所謂塗之人也詩人之意謂

胡墨莊說如此

彼道路之人胡親比之有人無兄弟胡佽助之有鄭君不知兩不字皆語詞乃云女何不輔君爲政令又云何不相推佽而助之正義因言猶冀他人輔之上文明言豈無他人不如我同父乃冀他人輔助失詩旨甚矣

東山篇不可畏也伊可懷也按不語詞伊亦語詞言室中久無人荒穢如此可畏亦可懷也箋云是不足可畏乃可爲憂思則語意迂曲矣

狼跋篇德音不瑕按不語詞瑕與遐通遠也言其德音之遠也傳訓瑕爲過箋以不可疵瑕說之均未達不字之旨

論語微子篇四體不勤五穀不分按兩不字皆語詞丈人蓋自言惟四體是勤五穀是分而已安知爾所謂夫子若謂以不勤不分責子路則不情甚矣安有萍水相逢遽加面斥者乎

也邪通用例

論語君子人與君子人也朱注曰與疑詞也決詞乃古人之文則有以也字爲疑詞者陸氏經典釋文序所謂邪也弗殊是也使不達此例則以疑詞爲決詞而於古人之意大謬矣今略舉數事以見例其已見于王氏經傳釋詞者不及焉

大戴記本命篇機其文之變也其文變也按機當作幾而讀爲豈古書每以幾爲豈字荀子榮辱篇曰幾直夫芻豢稻粱之縣糟糠爾哉又曰幾不甚善矣哉大略篇曰幾爲知計哉並其證也幾其文之變也其文變也上也字當讀爲邪此兩句乃自爲問答之詞

論語八佾篇子入太廟每事問或曰孰謂鄹人之子知禮乎入太廟每事問子聞之曰是禮也按此章乃孔子歎魯祭之非禮也魯僭禮之國太廟之中犧牲服器之等必有不如禮者子入太廟每事問所以諷也或人不

江艮庭曰趙氏讀允字
絕句若字屬下入孟子
語似不合孟子語意設
費載節之而別爲之
解允誠也若善也舜
敬事瞽瞍見之必
敬慎戰栗瞽瞍化之
亦誠實而善所謂烝
烝乂不格姦也

諭反有孰謂知禮之譏故夫子曰是禮也也讀爲邪乃反詰之詞正見其非禮也學者不達也邪通用之例以反言爲正言而此章之意全失矣論語中以也爲邪者甚多子張問十世可知也井有人焉其從之也豈若匹夫匹婦之爲諒也諸也字竝當讀爲邪又如事君盡禮人以爲諂也子曰其事也兩也字亦必讀爲邪方得當日語氣以本字讀之則神味爲之索然矣

孟子萬章篇書曰祇載見瞽瞍夔夔齊栗瞽瞍亦允若是爲父不得而子也按此節瞽瞍亦允四字爲句趙注所謂瞍亦信知舜之大孝也若是二字爲句爲父不得而子也也讀爲邪乃詰問之辭正所以破咸丘蒙之說東晉古文尚書竊其語入大禹謨篇而以允若連文蓋由不達古語故誤讀孟子

晏子春秋諫上篇寡人出入不起交舉則先飲禮也也當讀爲邪乃詰問晏子之詞亦有應用也字而以與字代之者使失其讀則正言若反矣禮記祭義篇夫人曰此所以爲君服與與卽也字世婦獻繭本以爲君服初無所疑何待致問下文古之獻繭者其率用此與與亦也字乃記人之辭以結上文言古之獻繭者其法用此也鄭不解與字之義誤以爲問者之辭正義并以爲夫人致問失經意甚矣

雖唯通用例

說文雖從唯聲凡聲同之字古得通用然雖之與唯語氣有別不達古書通用之例而以後世文理讀之則往往失其解矣禮記表記篇唯天子受命於天鄭注曰唯當爲雖此雖唯通用之明見於經典者今於王氏釋詞

抑篇說本釋詞

馬融曰平地者將進加功
雖始覆一簣我不以
其見功少而薄之也按
其欲進而與之也

之外舉數事見例

尙書洛誥篇女惟沖子惟終按尙書無唯字今文作維古文作惟即唯字也此句兩惟字上惟字當讀爲雖女雖沖子惟終與召誥有王雖小元子哉文義正同終讀爲崇君奭篇其終出于不祥馬本作崇是古字通用也言女雖沖幼然女位甚尊崇故宜敬識百辟享也又詩抑篇女雖湛樂從此雖字當讀爲惟女惟湛樂從猶尙書無逸篇曰惟耽樂之從也枚傳不知女惟之當作女雖鄭箋不知女雖之當作女惟胥失之矣

論語子罕篇雖覆一簣進吾往也按此雖字當讀爲唯言平地之上唯覆一簣極言其少正與未成一簣相對成義又鄉黨篇肉雖多不使勝食氣唯酒無量不及亂按此唯字當讀爲雖與上肉雖多一例古書一簡中上下異字往往有之無量即儀禮所謂無算爵言雖飲酒至無算爵之時不

及於亂也論語此兩篇正相連而一雖字當讀唯一唯字當讀雖亦可見古書之難讀矣

禮記內則篇夫婦之禮唯及七十同藏無閒故妾雖老年未滿五十必與五日之御按此經唯字當讀爲雖與妾雖老一例一用唯字一用雖字猶鄉黨篇肉雖多唯酒無量亦一用唯字一用雖字也夫婦之禮雖及七十同藏無閒明不以衰老而見疏外妾則不必然矣然雖老而未滿五十必與五日之御亦不以衰老而見疏外也兩句一義中閒用故字承接其義可見鄭注不知上唯字之當讀爲雖於是不得其解矣

句尾用故字例

凡經傳用故字多在句首乃亦有在句尾者禮記禮運篇則是無故先王能脩禮以達義體信以達順故此故字在句尾者也下云此順之實也鄭

注曰實猶誠也盡也正義於此節逐句分疏而不別出此順之實也句但云則是無故者言致此上事則是更無他故由先王能修禮達義體信達順之誠盡故致此也牽合下句解之似尚失其讀也

大戴記曾子制言篇今之所謂行者犯其上危其下衡道而彊立之天下無道故若天下有道則有司之所求也王氏引之曰故字當屬上讀言犯上危下之人所以幸而免者天下無道故也若天下有道則有司誅之矣按王說是也盧辯注誤以故若二字爲句孔氏廣森補注亦未能訂正

句首用焉字例

凡經傳用焉字多在句尾乃亦有在句首者禮記鄉飲酒義焉知其能和樂而不流也焉知其能弟長而無遺矣焉知其能安燕而不亂也劉氏台

拱曰三焉字皆當下屬、焉語詞、猶於是也、按王氏釋詞焉字作於是解者數十事、文繁不具録
孟子離婁篇聖人既竭目力、焉繼之以規矩準繩、以爲方員平直、不可勝用也、既竭耳力、焉繼之以六律正五音、不可勝用也、既竭心思、焉繼之以不忍人之政、而仁覆天下矣、按此三焉字亦當屬下讀、焉猶於是也。

古書發端之詞例

凡發端之詞、如書之用曰字、詩之用誕字、皆是也、乃有發端之詞、與今絕異者、略舉數事以見例
乃者、承上之詞也、而古人或用以發端、堯典、乃命羲和是也、周官小司徒職、乃頒比灋于六鄉之大夫、乃會萬民之卒伍而用之、乃均土地以稽其人民而知其數、乃經土地而井牧其田野、乃分地域而辨其守、凡五段文

字皆以乃字領之。

故者、承上之詞也、而古人亦或用以發端、禮記禮運篇、故聖人參於天地並於鬼神以下、正義標故聖至地也爲一節、故君至其生爲一節、故用至之變爲一節、故聖至爲之爲一節、又故人者其天地之德以下、正義標故人至氣也爲一節、故天至質也爲一節、故人至爲畜爲一節、又故先王秉蓍龜以下、正義標故先至有序爲一節、故宗至至正爲一節、故禮至藏也爲一節、又故禮義也者人之大端也以下、正義標故禮至其禮爲一節、故禮至以薄爲一節、故聖至者尊爲一節、故治至危也爲一節、故禮至實也爲一節、是每節皆以故字發端。

若夫者、轉語之詞也、而古人或用以發端、王氏釋詞引大戴記衛將軍文子篇文子曰、若夫知賢人莫不難、孝經曾子曰、若夫慈愛恭敬安親揚名、則聞命矣竝其證也禮記曲禮篇若夫坐如尸立如齊劉原夫曰此乃大戴禮曾子事父母篇之辭曰孝子惟巧變故父母安之若夫坐如尸立如齊弗訊不言言必齊色此成人之善者也未得為人子之道也此篇蓋取彼文而若夫二字失於删去鄭氏不知乃謂此二句為丈夫之事誤矣按鄭君此注誠誤然謂失於删去則記人亦所不受蓋在彼文用為轉語而在此文用為發端原不必删也

禮記中庸篇今夫天一節四用今夫為發端此近人所習用者乃或變其文為今是禮記三年問篇今是大鳥獸荀子禮論篇今是作今夫荀子宥坐篇今夫世之陵遲亦久矣韓詩外傳今夫作今是竝其證也王氏釋詞已及之乃或又叚氏為是而作今氏墨子天志下篇上云今是楚王食於楚之四境之內今是即今夫也下云今氏大國之君今氏即今是亦即今

夫也、禮記曲禮篇是職方、鄭注曰是或爲氏、儀禮覲禮篇、大史是右、注曰古文是爲氏、蓋是氏古通用耳、今是之文。古書多有。今氏之文。惟此一見。而今本墨子氏上又衍知字、故雖王氏之博極羣書、徵引不及矣、

古書連及之詞例

凡連及之詞、或用與字、或用及字、此常語也、乃有其語稍別、後人遂失其解者、畧舉數事以見例、

爾雅曰于於也、而尚書每用爲運及之詞、康誥篇告女德之說于罰之行、言告文德之說與罰之行也、多方篇不克敬于和、言不克敬與和也、說本孔氏廣森巵言王氏引之釋詞、又呂刑篇罔中于信、中與忠通、于亦連及之詞、言三苗之民皆無忠信也、枚傳失其義、而前人亦未見及、又按此例毛詩亦有之、鳧鷖篇公尸來燕來宗、既燕于宗、福祿攸降、此于字亦連及

此本釋詞

之詞來燕來宗既燕于宗二句相承猶言既燕與宗也鄭箋不達遂使上下兩宗字異義失之甚矣泮水篇不吳不揚不告于訩二句亦相承猶云不吳不揚不告與訩也告讀如嗥呼之嗥訩猶詾詾喧譁之聲也上句不吳不揚箋云不讙譁不大聲此云不告與訩義正相近鄭箋亦失其義○

考工記注若如也乃古人則又用爲連及之詞儀禮燕禮篇冪用綌若錫禮記投壺篇矢用柘若棘皆是也又或變其文曰如論語先進篇方六七十如五六十又曰宗廟之事如會同皆是也如之與若義本不殊故連及之詞爲若又爲如矣朱注曰如猶或也古無此義

之字古人亦或用爲連及之詞考工記作其鱗之而文十一年左傳皐父之二子皆是也禮記中庸篇知遠之近知風之自知微之顯此三句自來不得其解若謂遠由於近微由於顯則當云知遠之由於近知微之由於

此本釋詞

顯文義方明不得但云遠之近微之顯也且風之自句義不一例微之顯句亦與弟二句不倫既云遠之近則當云顯之微矣今按此三之字皆連及之詞知遠之近者知遠與近也知微之顯者知微與顯也知遠之近知風之自知微之顯可與入德矣猶易繫辭傳云君子知微知彰知柔知剛萬夫之望也然則知風之自句當作何解風讀爲凡風字本從凡聲故得通用莊子天地篇願先生之言其風也風即凡字猶云言其大凡也自者目字之誤周官宰夫職二曰師掌官成以治凡三曰司掌灋以治目鄭注曰治凡若月計也治目若今日計也然則凡之與目事有鉅細故以對言正與遠近微顯一例余著羣經平議未見及此故於此發之

惟字古人亦用爲連及之詞禹貢篇齒革羽毛惟木是也酒誥篇爾大克羞耉惟君此本承上文奔走事厥考厥長而言耉即考也君即長也惟者

逮及之辭猶云爾大克進獻爾考與爾長也下文曰又惟殷之迪諸臣惟工臣惟工與耇惟長一律枚傳曰女大能進老成人之道則爲君矣未達惟字之義

古書疑義舉例卷四終

二十四年九月二十三日閱畢　少咸

雙流李天根校字

王氏引鄉業大宰少牢饋食疏特牲饋食疏皆無煮字而唐石經始衍明矣

古書疑義舉例卷五

德清俞樾著

兩字義同而衍例

古書有兩字同義而誤衍者，蓋古書未有箋注，學者守其師說，口相傳受，遂以訓詁之字誤入正文。周官亨人職：外內饔之爨亨煮。既言亨，又言煮，由古之經師相傳，以此亨字乃亨煮之亨，而非亨通之亨，因誤經文爨亨爲爨亨煮矣。王氏念孫謂誤始唐石經，非也。

周易履六三象傳：不足以與行也。按以字衍文，傳文本云：眇能視，不足以有明也；跛能履，不足與行也。古與以二字通用，上句用以字，下句用與字，乃虛字變換之例，說見前。學者不知與字之即以字，而更加以字於與字之上，轉爲不辭矣。

段注說文爲下云左傳仲子生有文在其手曰爲魯夫人手文必非若小篆爲魯蓋作[illegible]容或相似也
正義云成季唐叔亦有文在其手曰友曰虞曰下不言爲此傳言爲魯夫人者以宋女而作他國之妻故傳加爲以示異耳

隱元年左傳有文在其手曰爲魯夫人按曰字衍文也閔二年傳有文在其手曰友昭元年傳有文在其手曰虞彼傳無爲字故有曰字此傳有爲字即不必有曰字猶桓四年公羊傳一曰乾豆二曰賓客三曰充君之庖穀梁傳作一爲乾豆二爲賓客三爲充君之庖有爲字則無曰字是其例也曰爲並用亦兩字同義而誤衍

國語晉語若無天乎云若有天吾必勝之王氏念孫曰云字當在若字下若無天乎爲一句若云有天爲一句今按王說是矣而未盡也古本蓋止作若無天乎若云天吾必勝之云即有也廣雅釋詁曰云有也文二年公羊傳曰大旱之日短而云災故以災書此不雨之日長而無災故以異書也云災無災相對爲文云災即有災也此以無天云天相對爲文正與彼同云有二字同義而誤衍傳寫又誤倒之耳

史闕如此并引劇秦美新家語以證

盧紹弓羣書拾補俞諸子平議皆云衍而字釋詞則經删而字此云衍如字誤雜志五之五云茲此也謂道也是字屬下讀爾雅曰是則也蓋理民者道也非道則無以理

大戴記五帝德篇、闇昏忽之義、按大戴原文本作闇忽之義、與上文上世之傳、隱微之說、文法一律、其衍昏字者、闇卽昏也、禮記祭義篇、鄭注曰闇昏時也、闇昏二字同義而誤衍、老子弟六十八章、是謂配天古之極、按老子原文當作是謂配古之極、與上文是謂不爭之德、是謂用人之力、文法一律、其衍天字者、古卽天也、尚書堯典鄭注曰古天也、天古二字同義而誤衍、

晏子春秋諫下篇、聾喑非害國家而如何也、按如字衍文、而何卽如何、有而字不必更有如字、管子君臣上篇、非茲是無以理人、非茲是無以生財、按是字衍文、非茲卽非是、有茲字不必更有是字、

墨子備城門篇、令吏民皆智知之、按智知義同、釋名釋言語曰、智知也、墨子原文本作令吏民皆智之、傳其學者、謂此智字乃知識之知、因相承而

生財者道也非道則無以生財上文所謂治民有常道生財有常法也君不知是之爲則而以語是連讀矣之

此條開詁未錄猶上下文察之實是

衍知字矣、淮南子人閒篇、曉然自以爲智知存亡之樞機、禍福之門戶、知字亦誤衍、與墨子同、 此俱本雜志

兩字形似而衍例

凡兩字義同者、往往致衍、已見前矣、兩字形似者、亦往往致衍、荀子仲尼篇、求善處大重理任大事、擅寵於萬乘之國、必無後患之術、按處大重、任大事相對爲文、重下不當有理字、楊注曰大重謂大位也、亦不釋理字之義、是理字衍文、蓋卽重字之誤而衍者也、

墨子非攻下篇、率不利和、按和字衍文、率乃將率之率、言將率不和也、和卽利字之誤而衍者、又天志下篇、而況有踰人之墻垣、担格人之子女者乎、按担字衍文、格人之子女、與踰人之墻垣相對成文、担卽垣字之誤而衍者、

列子說符篇今趙氏之德行無所施於積按呂氏春秋慎大篇無施字施即於字之譌而衍也

韓非子詭使篇名之所以成城池之所以廣者按池乃地字之誤名之所以成地之所以廣相對成文不當有城字城即成字之譌而衍也顧千里說

呂氏春秋安死篇此言不知鄰類也按聽言篇曰乃不知類矣達鬱篇曰不知類耳竝無鄰字此云鄰類義不可通鄰即類字之譌而衍也

商子兵守篇四戰之國好舉興兵以距四鄰者國危舉字即興字之誤而衍管子事語篇彼壤狹而欲舉與大國爭者舉字即與字之誤而衍呂氏春秋異寶篇其主俗主也不足與舉舉字亦即與字之誤而衍淮南子泰族篇夫欲治之主不世出而可與興治之臣不萬一興字亦即與字之誤而衍

春秋繁露考功名篇、其先比二三分、以爲上中下、以考進退、按一句中因誤而衍者二字、比即上先字之誤、二即下三字之誤、

大玄永次四、子序不序、按上序字、即上子字之誤而衍者、王注云、子而不居子之次序、是王淮本正作子不序也、又居次三、長幼序序子克父、按下序字、即下子字之誤而衍者、宋陸王本並作長幼序、子克父、獨范望本衍一序字。

涉上下文而衍例

古書有上下而誤衍者、既濟彖辭亨小利貞、小字衍文、涉下文未濟亨小狐汔濟而誤衍也、禮記檀弓篇、禮有微情者、有以故興物者、有直情而徑行者、弟三句有字衍文、有微情者、有以故興物者、皆禮之所直情而徑行者、戎狄之道也、本非禮之所有、安得言有乎、此有字涉上兩有字而誤衍

下文且其嗜欲無窮則必有貪鄙悖亂之心淫佚姦詐之事矣正承此二語而明其哉

也、

周書大匡篇、樂不牆合、按牆合二字無義、涉下句牆屋有補無作之文、誤衍牆字也、盧氏文弨以宮縣說之、則曲說矣、

管子正篇、能服信政、此謂正紀、能服日新、此謂行理、按上文云立常行政、能服信乎、中和愼敬、能日新乎、此承上文而言、當作能服信、此謂正紀、能日新、此謂行理、上句政字涉上文臨政官民而衍、下句服字即涉上句能服信而衍、

墨子尙同下篇、故又使國君選其國之義、以義尙同於天子、下義字涉上義字而衍、以上下文證之可見。

呂氏春秋侈樂篇、遂而不返、制乎嗜欲、制乎嗜欲無窮、則必失其天矣、下制乎字涉上制乎字而衍、適威篇、子陽極也、好嚴、有過而折弓者、恐必死

若刪制乎二字則下文贅矣

遂應猘狗而弑子陽極也上極也字涉下極也字而衍○壹行篇陵上巨木人以之期易知故也又況於士乎士義可知故也則期爲必矣下故也字涉上故也字而衍○又遇合篇曰客有進狀有惡其名言有惡狀按此十二字中衍三字皆涉上下文而誤衍者也客字下涉下而衍有字其字下涉上文楚王怪其名句而衍名字末狀字亦涉上而衍呂氏原文本作客進狀有惡其言有惡兩有字均讀爲又狀又惡其言又惡即下文所謂惡足以駭人言足以喪國也今多衍字致不可解此古書之所以難讀也

涉注文而衍例

古書有涉注文而誤衍者詩丘中有麻篇將其來施傳曰施施難進之貌箋云施施舒行伺間獨來見己之貌按經文止一施字而傳箋並以施施釋之此以重言釋一言之例說見前今作將其來施施即涉傳箋而誤衍

注望其從鬼神所來正義
復魄之時冀其望魂神
於幽處而來所以望諸幽
者求諸鬼神之道也注文
從鬼神所來即釋反字
注中今爲大夫卿士言
正義所以望諸幽者莊士之中于今爲大夫
今删所卿士者上云莊后即莊
以二字女之爲后者故于莊士
不可解矣且望指在位者非謂在野
諸幽与者故注以今爲二字
北面有指斥之
何別乎

下施字。顔氏家訓書證篇曰：江南舊本悉單爲施。

大戴記曾子制言篇：其功守之義，有知之則願也，莫之知苟吾自知也。按其功守之義五字，乃盧注之誤入正文者，孔本、阮本均已訂正。

禮記檀弓篇：望反諸幽，求諸鬼神之道也。按反字衍文。據正義曰：望諸幽者，求諸鬼神之道也。是記文本無反字，乃涉上注文庶幾其精氣之反，因而誤衍。又緇衣篇：毋以嬖御士疾莊士大夫卿士。注曰：莊士亦謂士之齊莊得禮者，今爲大夫卿士。按禮記原文本作毋以嬖御士疾莊士，與上文毋以嬖御人疾莊后一律。鄭注今爲大夫卿士，本作或爲大夫卿士，蓋別本有作毋以嬖御士疾大夫卿士者，故鄭記其異也。今正文作莊士大夫卿士，即涉注文而衍；又改注文或爲作今爲，而正義從而爲之辭，失之甚矣。

商子墾令篇、姦民無主則爲姦不勉、爲姦不勉則姦民無樸、本、姦民無樸則農民不敗、鄭家本於姦民無樸下有樸根株也四字、乃舊解之誤入正文者。

韓非子難三篇、且夫物衆而智寡、寡不勝衆、智不足以徧知物、故則因物以治物、下衆而上寡、寡不勝衆者言君不足以徧知臣也、故因人以知人、按韓非原文、本作且夫物衆而智寡、寡不勝衆、故因物以治物、下衆而上寡、寡不勝衆、故因人以知人、舊注於上句寡不勝衆云言智不足以偏知物也、於下句寡不勝衆云言君不足以偏知臣也、傳寫誤入正文而又有錯誤、遂不可讀。

涉注文而誤例

考工記梓人、强飲强食、詒女曾孫諸侯百福、注曰、曾孫諸侯、謂女後世爲諸侯者按正文諸侯當作侯氏上以詁女曾孫侯氏百福八字爲句大戴記投壺篇載此辭曰强食食爾曾孫侯氏百福雖文有奪誤而正作曾孫侯氏百福可證也鄭君此注本云曾孫侯氏謂女後世爲諸侯者正文侯氏涉注文而誤作諸侯於是并改注文亦作曾孫諸侯矣

韓非子外儲說左篇吾父獨冬不失袴舊注曰刖足者不衣袴雖終其冬夏無所損失也按正文本作吾父獨終不失袴故注以終其冬夏無所損失釋之今作冬不失袴即涉注文而誤終爲冬此皆涉注而誤者也

以注說改正文例

段氏玉裁曰司巫祭祀則共匰主及道布及蒩館杜子春云蒩讀爲鉏蒩藉也書或爲藉今本改云蒩讀爲鉏鉏藉也則不可通蜮氏下士一人鄭司農云蟈讀爲蜮蜮蝦蟇也今本改云蟈讀爲蜮蜮蝦蟇也則不可通上

几

馴、鄭司農云、訓讀爲馴、謂以遠方土地所生異物告道王也、今本改云訓讀爲馴、則不可通、祭統鋪筵設詞、凡、鄭注、詞之言同也、今本改同之言詞、以易識之字更爲難字、則不可通、穆天子傳、道里悠遠、山川諫之、郭注諫音閒、是卽讀諫爲閒、明叚借法也、今作閒音諫、則非、西京賦烏獲扛鼎、李善注曰、說文扛、橫關對舉也、舡與扛同、吳都賦、覽將帥之權勇、李注毛詩曰、無拳無勇、權與拳同、今本正文作扛、[illegible]拳、注文又譌舛而不可通、以上諸條、皆因先用注說改正文、又用已改之正文改注、於是字與義不謀、與下不貫矣、按段氏此論、前人所未發。讀古書者不可不知也。

周易坤初六履霜、釋文曰、鄭讀履爲禮、然履霜之義、自無疑、鄭讀爲禮、義不可通、疑鄭氏所據本作禮霜、注則曰禮讀爲履、破[illegible]字而讀以[illegible]字也、後人用注說改經、又以既改之經文改注、而陸氏承其誤耳。

此本述聞衍文條

周官男巫春招弭以除疾病注曰杜子春讀弭如彌兵之彌按經文弭字當作敉注文敉字當作弭蓋經文作敉而杜子春讀敉爲弭兵之弭左傳弭兵字作弭不作彌也後人以注說改經文遂改注文作彌兵而義不可通矣

以旁記字入正文例

王氏念孫曰書傳多有旁記之字誤入正文者趙策夫董閼于簡主之才臣也閼與安古同聲即董安于也後人旁記安字而寫者并存之遂作董閼安于史記歷書端蒙者年名也端蒙旃蒙也後人旁記旃字而寫者并存之遂作端旃蒙刺客傳臣欲使人刺之衆莫能就衆者終之借字也後人旁記終字而寫者並存之遂作衆終莫能就漢書翟方進傳民儀九萬夫儀與獻古同聲即民獻也後人旁記獻字而寫者並存之遂作民獻儀

楚語注作封封國也
凡二其一則將何以注
封矣其一則此注
氏說異云公序本少
一封字脫俞所據當
此本案封國即邦國
又公序本韋幾不
克作不封又有注云封
國也

九萬夫。按此皆旁記字之誤入正文者也。

周書命訓篇、通道通天以正人。按下文云正人莫如有極、道天莫如無極、道天有極則不威、不威則不昭、正人無極則不信、不信則不行、皆以道天正人對舉、然則此文當作道天以正人。襄三十一年左傳注、荀子禮論篇注竝曰道通也、道天以正人、即通天以正人、疑他本或有作通字者、後人旁記於此、傳寫誤入正文、則爲道通天以正人、文不成義、乃又於道上加通字耳。

國語晉語、不可以封國、按國字衍文、楚語曰、其生不殖、不可以封、韋注曰、封國也、此作不可以封國者、蓋由別本作國、後人旁記于此而誤羼入也。

管子版法解篇、故莫不得其職姓、按得職猶得所、漢書趙廣漢傳、小民得職是其義也、職姓連文甚不辭、姓者性字之誤、得其性即得其職也、此亦

末條見雜志

雜志云劍驗亦當爲參驗謂參驗其事情也

後人旁記異文而誤合之也、明法解篇、孤寡老弱不失其所職、所職二字亦爲不辭、誤與此同、

荀子禮論篇、大路之素未集也、楊注曰未集不集丹漆也、此說於義未足、殆非也、未當爲本末之末。素末是一事、素集是一事、亦寫者旁記異文而誤合之也、末者、幭之叚字。上文絲末、楊注末與幦同、是其證。大戴禮記三本篇作素幭、幭與幦同、荀子作末之本與大戴記合、集者、幬之叚字、集音轉而爲就、詩小旻篇與猶告道爲韻、是其證、故集字得讀爲幬、史記禮書正作素幬、荀子作集之本與史記合。

墨子雜守篇、守節出入使主節必疏書、署其情令若其事、而須其還報以劍驗之、劍驗二字不可通、墨子原文蓋止作劍之、假劍爲驗、劍之即驗之也、韓非子外儲說左上篇、以馬爲不進、盡釋車而走。進盡二字不可通。韓

述聞云[illegible]岳本中庸注無成字考文所引宋本同正義述鄭注亦無成字監本有成字乃淺人所增升卦正義述經文作積小以高大且釋之曰始於細微以至高大大雅下武箋引易曰積小以高大魏志鍾會傳注晉書王羲之傳皆曰積小以致高大尤足見經文之無成字也似未可據俗本中庸以改經文

非子原文蓋止作不盡假盡爲進不盡即不進也凡此皆後人旁記異文而誤入之與義同誤衍之例可以參觀

因誤衍而誤删例

凡有衍字宜從删削乃有删削不當反失其本眞者周易升象傳君子以順德積小以高大釋文曰以高大本或作以成高大按此本作積小以成大正義所謂積其小善以成大名也後誤衍高字而作積小以成高大則累於辭矣校者不知高字之衍而誤删成字此删削不當而失其本眞者也淮南子道應篇洞洞屬屬而將不能恐失之高注曰而將不能勝之恐失之按正文本作而將不能勝之而與如古通用謂如將不能勝之也高注恐失之三字正解如不能勝之義此三字誤入正文校者反删去勝之二字亦删之不當者也

戴東原云何下各本多衍以字方本無前君何謂已重乎亦無以字

因誤衍而誤倒例

校古書者、鹵莽滅裂、有遇衍字、不加删削、而以意移易使成文理者、大戴記哀公問於孔子篇、君何以謂已重焉、此本作君何謂以重焉、以重卽已重、以已古字通也、後人據小戴記作已重、旁記已字、因而誤入正文、校者不知删削、乃移以字於謂字之上、使成文理、此因誤衍而誤倒者也、楊子大元元瑩篇、嘖情也、抽理也、瑩事也、昭君子之道也、按上文云陰陽所以抽嘖也、從橫所以瑩理也、明晦所以昭事也、此當云抽嘖也瑩理也昭事也、方與上合、今抽嘖誤作嘖情、情字蓋卽嘖字之誤而衍者、於是移抽字以易下句瑩字、而瑩理誤作抽理矣、又移瑩字以易下句昭字、而昭事誤作瑩事矣、至昭字無可易、乃移道下句之首、而君子之道也誤作昭君子之道也、蓋因一字之誤衍、而遂使諸字以次而疊降、以此校書、亦可

荀子大略篇亦作好多

云不憚煩矣。

因誤奪而誤補例

凡有奪字則當校補，乃有校補不當，以至補非其字者。大戴記曾子立事篇：多知而無親，博學而無方，好多而無定者，君子弗與也。按下文云：君子多知而擇焉，博學而算焉，多言而愼焉。據此，則本文好多二字亦當作多言。校者因奪言字而誤補好字，此校補之不當者也。又曾子本孝篇：庶人之孝也，以力惡食。按以力惡食本作以任善食，盧注所謂分地任力，甘致美是也。今任善二字誤移在下句之首，作任善不敢臣三德，甚爲無義，可知其誤。此文因奪任善二字而誤補力惡二字，亦校補之不當者也。

爾雅釋草：中馗，菌；小者菌。注於上句曰：地蕈也，似蓋，今江東名爲土菌，曰馗廚，可啖之。又注下句曰：大小異名。按中馗謂之菌，小者又謂之菌，何以

此說已見郝疏

朱右曾校釋依左傳疏
史記正義改二作爽
雜志亦作爽

見大小之異名、乃據說文草菌地蕈也、疑古本爾雅作中馗地蕈、小者菌、故說文即以地蕈說菌、蓋對文別而散文通也。因正文奪地蕈二字、校者據注中土菌之文、臆補土字、而大小異名者、轉若大小同名矣、注文地蕈似蓋句、本無也字、乃舉正文地蕈而釋之、今正文奪地蕈字、而誤補菌字、則地蕈字于正文無見、乃增注文作地蕈也、而其誤不可復正矣

因誤字而誤改例

凡遇誤字則宜改正、乃有改之不得其字、而為以成誤者、周書謚法篇純行不二曰定、按此本純行不忒曰定、古書忒字或以貣字為之、尚書洪範篇衍忒、史記宋世家作衍貣、是其證也、貣譌作貳、後人因改作二矣、又史記篇奉孤而專命者、謀主必其畏其威而疑其前事、按謀主二字不可曉、當作其主、言其主必畏而疑之也、其誤作某、後人因改作謀矣、此皆因誤

雜志云如尹注則伐字當爲我字之譌我不謂貪我不爲貪也

王氏集解云約當作事言已應事已增正承上言之增讀如譖與上應爲韻俞改增爲會迂曲不可從

字而誤改益以成誤者也

管子霸言篇故貴爲天子富有天下而伐不謂貪者其大計存也按伐乃代字之誤管子原文本作世不謂貪言一世之人不以爲貪也唐人避諱改世爲代後人傳寫又誤代爲伐

荀子非相篇傳者久則論略近則論詳按兩論字皆俞字之誤俞讀爲愈古字通用見本書榮辱篇注韓詩外傳正作久則愈略近則愈詳可證也俞字誤作侖校者又誤改作論韓非子主道篇是以不言善應不約而善增按道藏本趙用賢本不言下皆有而字當從之增乃會字之誤不言而善應語本老子不約而善會亦即老子所謂善結無繩約而不可解也善會猶善結也會字誤作曾校者又誤作增

一字誤爲二字例

此見述聞衍文條

賚

江艮庭云介助也我周惟其大助予爾

古書有一字誤爲二字者、禮記祭義篇見閒以俠甒、鄭注曰見閒當爲覸、史記蔡澤傳吾持粱刺齒肥、索隱曰刺齒肥當爲齧肥、孟子公孫丑篇必有事焉而勿正心、日知錄載倪文節之說謂當作必有事焉而勿忘、

禮記緇衣篇、信以結之則民不倍、恭以涖之則民有孫心、惠氏棟九經古義謂孫心當作愻、說文愻順也、書云五品不愻、今文尚書作訓、古文尚書作愻、今孔氏本作孫、衞包又改作遜、古字亡矣、緇衣猶存古字耳、

尚書多方篇、我有周惟其大介賚爾、按枚氏因大介連文、而以大大賜汝釋之、不詞甚矣、說文大部夵大也、從大介聲、讀若蓋、凡經傳訓大之介皆其叚字也、此經疑用本字、其文曰我有周惟其夵賚爾、夵賚即大賚也、後人罕見夵字、遂誤爲大介二字、

國語晉語、吾觀晉公子賢人也、其從者皆國相也、以相、一人必得晉國、按

述聞曰注云夫二人猶言此二人引管子以證且云釋文出二夫人三字則唐本已誤

僖二十三年左傳曰吾觀晉公子之從者皆足以相國若以相夫子必反其國疑此文一人二字乃夫字之誤以相絕句即左傳所謂若以相也夫必得晉國絕句即左傳所謂夫子必反其國也夫者指目其人之辭說詳襄二十三年左傳正義今誤作一人二字義不可通矣

二字誤爲一字例

古書亦有二字誤合爲一字者襄九年左傳閏月杜注曰閏月當爲門五日五字上與門合爲閏則後學者自然轉日爲月按古鐘鼎文往往有兩字合書者如石鼓文小魚作𩵋散氏銅盤銘小子作𡮐是也古人作字但取疏密相間經典傳寫則遂并爲一字矣

禮記檀弓篇從母之夫舅之妻二夫人相爲服按夫字衍文也二人兩字誤合爲夫字學者識二人兩字以正其誤而傳寫誤合之遂成二夫人

雜志謂當作病瘖

氏

矣國語夫字誤分爲一人二字檀弓二人字誤合爲夫字甚矣古書之難讀也

淮南子說林篇狂者傷人莫之怨也嬰兒詈老莫之疾也賊心亡陳氏觀樓曰亡字當爲亡也二字之譌亡無也言狂者與嬰兒皆無賊害之心故人莫之怨也按此亦二字合爲一字者○又人閒篇孫叔敖病疽將死按病字將字並衍文也疽字乃疒且二字之誤說文疒部疒痾也人有疾痛象倚箸之形朱氏駿聲謂疒乃疾病之本字疾字從矢疒聲乃疾速之本字後人叚疾爲疒而疒廢矣愚按其說是也孫叔敖疒且死猶云孫叔敖疾且死也其事亦見列子說符篇呂氏春秋異寶篇並作孫叔敖疾將死將猶且也彼作疾此作疒古今字耳因疒且二字誤合爲疽字後人乃於上加病字下加將字失之矣又脩務篇琴或撥刺枉橈闊解漏越而稱以楚

莊之琴，側室爭鼓之。高注曰：側室或作廟堂。按：側室及廟堂均無義，疑淮南原文本作則尙士爭鼓之。尙與上通，尙士即上士也。考工記桃氏爲劍、弓人爲弓，並有上士服之之文，故此言琴亦曰上士鼓之也。上文曰：今劍或絕側羸文，齧缺卷銋，而稱以頃襄之劍，則貴人爭帶之。兩文相對，此曰則上士爭鼓之，猶彼曰則貴人爭帶之也。因以尙爲上，而尙士二字誤合爲堂字，淺人因改則字爲廟字，高所見或本是也；又因古本實是則字，遂改堂字爲室字，而加人旁於則字之左，使成側字，高所據本是也。輾轉致誤，而要皆由於尙士二字之誤合爲堂字，所宜悉心校正也。

重文作二畫而致誤例

古人遇重文，止於字下加二畫以識之，傳寫乃有致誤者。如詩碩鼠篇：逝將去女，適彼樂土，樂土樂土，爰得我所。韓詩外傳兩引此文，並作逝將去女適彼樂土適彼樂土爰得我所又引次章亦云逝將去女適彼樂國適彼樂國爰得我直此當以韓詩爲正詩中叠句成文者甚多如中谷有蓷篇叠慨其嘆矣兩句丘中有麻篇叠彼留子嗟兩句皆是也毛韓本當不異因叠句從省不書止作適二彼二樂二土二傳寫誤作樂土樂土耳下二章同此

莊子胠篋篇故田成子有乎盜賊之名而身處堯舜之安小國不敢非大國不敢誅十二世有齊國釋文曰自敬仲至莊子九世知齊政自太公和至威王三世爲齊侯故云十二世按此說非也本文是說田成子不當追從敬仲數起莊子原文本作世世有齊國言自田成子之後世有齊國也古書重文從省不書止於字下作二識之應作世二有齊國傳寫誤倒之則爲二世有齊國於是其文不可通而從田成子追數至敬仲適得十二

朱氏刪慈字

世遂臆加十字於其上耳

重文不省而致誤例

亦有遇重文不作二畫書其字而致誤者周書典寶篇一孝子畏哉乃不亂謀按本作一孝句孝畏哉乃不亂謀猶下文曰二悌悌乃知序悌下疊悌字則孝下必疊孝字矣今作孝子畏哉子即孝字之誤也又下文曰三慈惠茲知長幼當作三慈惠慈惠知長幼慈惠下疊慈惠字猶孝下疊孝字悌下疊悌字也今作茲知長幼茲即慈字之誤也此皆重文不省而轉以致誤者也

闕字作空圍而致誤例

古書遇有缺字不敢臆補乃作口以識之亦闕疑之意也乃傳寫有因此致誤者大戴記武王踐阼篇機之銘曰皇皇惟敬口生呫口戕口盧注曰

啎恥也言爲君子榮辱之主可不慎乎啎啎詈也孔氏廣森補注曰啎有兩訓疑記文本作啎生啎故盧意謂君有啎恥之言則致[illegible]之啎詈也按此說是也惟其由啎生啎故謂之口戕口今作口生啎者蓋傳寫奪啎字校者作空圍以記之則爲□生啎遂誤口生啎矣

本無闕文而誤加空圍例

亦有本無闕文而傳寫誤加空圍者周書寤儆篇欲與無□則欲攻無庸以王不足按此三句本無闕文欲與無則欲攻無庸以王不足皆四字爲句言欲與之而無則欲攻之而無庸以王則不足也下文周公之言曰奉若稽古維王克明三德維則戚和遠人維庸正對此三句而言淺人不知無則無庸相對成文而以則字屬下句因疑欲與無下尚有闕文乃作□以識之耳

又本典篇能求十口者智也與民利者仁也按兩句一律上句不當有闕文誤加空圍宜删又官人篇問則不對佯爲不窮口貌而有餘按貌上本無闕文而讀爲如貌如有餘即所謂佯爲不窮也誤加空圍亦宜删又云有知而言弗發有施而口弗德按此文本作有知而不發有施而弗德發讀爲伐古字通用有知而弗伐有施而弗德皆五字爲句上句本無言字下句亦無闕文學者不知發與伐同而臆加言字則下句少一字矣因作空圍以識之也亦宜删以上三條竝見王氏念孫讀書雜志

古書疑義舉例卷五終

雙流李天根校字

古書疑義舉例卷六

德清俞樾著

上下兩句互誤例

古書有上下兩句平列而傳寫互誤其字者。詩江漢篇：江漢浮浮，武夫滔滔。王氏引之曰：當作江漢滔滔，武夫浮浮。小雅四月篇：滔滔江漢。此云江漢滔滔，義與彼同。浮與儦聲義相近，江漢滔滔，武夫浮浮，猶齊風載驅篇汶水滔滔，行人儦儦也。寫經者滔滔、浮浮上下互譌，後人又改傳箋以從之，莫能是正矣。說見經義述聞。

禮記明堂位篇：夏后氏之四璉，殷之六瑚。按包咸、鄭元注論語，賈逵、服虔、杜預注左傳，皆云夏曰瑚，殷曰璉，與此不同。據論語云瑚璉也，先瑚後璉，則瑚屬夏而璉屬殷矣。若是夏璉殷瑚，當云璉瑚，不當云瑚璉也。蓋記文

朱氏曰勤人能勤恤者正長若書傳所言鄉大夫致仕而歸居門側之塾以教子弟是也孫仲容云順當讀爲訓

陳揚菴釋例謂唐常字異而音同移棣名異而物同

釋例又曰多即有也釋名說文玉篇皆以岵爲山有草木有草木即爲岵不必

傳寫誤倒耳、

周書大聚篇、立勤人以職孤、立正長以順幼、按此當作立正長以勤人、立職孤以順幼蓋立正長所以勤民事、而立職孤所以使幼者得遂其生也、正長也、職孤也、皆其名也、勤人也、順幼也、皆其事也、立職孤以順幼與下句立職喪以卹死、文法正同傳寫誤倒失其義矣

爾雅釋草、唐棣移、常棣棣、按詩何彼襛矣篇采薇篇毛傳說唐棣常棣均與爾雅合、晨風篇傳棣唐棣也、則與爾雅異、此必有一誤、而兼明書引孔氏論語解曰、唐棣棣也、亦與晨風傳同、玉篇木部、榶徒郎切棣也、榶即唐字、疑毛傳當以晨風爲正、餘篇乃後人據爾雅改之其實爾雅之文本作唐棣棣、常棣移、今本傳寫互易、非其舊也、爾雅一書、訓釋名物、尤易混淆、釋山多草木岵、無草木峐、詩陟岵篇、毛傳曰、山無草木曰岵、山有草木曰

多草木而後爲岵也
無草木始爲屺若僅
少草木猶未可爲
屺也
段注說文云戴者增
益也釋山謂用石戴
於土上毛謂土而戴之
以石釋山謂用土戴
於石上毛謂石而戴
之以土以絲衣戴弁
例之則毛之立文爲
善矣
邢疏不患土地人民之
寡少但患政理之不
均平也不患貧而患
不安者言不憂國
家貧但憂不能安
民耳民安則國富也

屺。又石戴土謂之崔嵬，土戴石爲砠。卷耳篇毛傳曰：崔嵬，土山之戴石者。石山戴土曰砠。其義並與爾雅相反，正義謂傳寫誤也。釋天春爲蒼天，夏爲昊天。書堯典正義曰：鄭元讀爾雅曰春爲昊天，夏爲蒼天。則爾雅一書之傳述不同，自昔然矣。

周官職方氏正南曰荊州，其浸潁湛。鄭注曰：潁水出陽城，宜屬荊州，在此非也。河南曰豫州，其浸波溠。注曰：春秋傳除道梁溠，營軍臨隨，則溠宜屬荊州，在此非也。蓋荊豫二州相次，傳寫誤到之耳。凡此之類，安得有如鄭君之卓識，悉爲考定哉。

論語季氏篇不患寡而患不均，不患貧而患不安。按寡貧二字傳寫互易，此本作不患貧而患不均，不患寡而患不安。貧以財言，不均亦以財言，不均則不如無財矣，故不患貧而患不均也。寡以人言，不安亦以人言，不安

集注均則不患於貧而和和則不患於寡而安安則不相疑忌而無傾覆之患

則不如無人矣故不患寡而患不安也春秋繁露度制篇引孔子曰不患貧而患不均可據以訂正

管子八觀篇萬家以下則就山澤可矣萬家以上則去山澤可矣按下上二字傳寫互易上云萬家之衆可食之地方五十里可以爲足矣是方五十里之地可食萬家之衆然萬家或有盈絀故此又分別言之若在萬家以上則宜兼就山澤之地若在萬家以下則山澤之地可去也如今本義不可通所宜正訂

老子第十章愛民治國能無知乎又曰明白四達能無爲乎按上句當作無爲下句當作無知愛民治國能無爲乎即所謂取天下當以無事也明白四達能無知乎即所知其白守其黑也易州唐景龍二年刻石本正如此而王弼本誤倒之至河上公本兩句皆作無知則詞複矣

淮南子天文篇曰冬至則水從之夏至則火從之故五月火正而水漏十一月水正而陰勝按曰冬至則水從之曰夏至則火從之水火二字當互易冬至一陽生故曰冬至而火從之也夏至一陰生故曰夏至而水從之也五月火正而水漏正說夏至水從之義言五月火方用事而水氣已滲漏也十一月水正而陰勝陰乃火字之誤勝字當讀爲升勝升古通用謂十一月水方用事而火氣已上升也正說冬至火從之之義如此則與下文一貫矣此亦上下兩句互誤者也

上下兩句易置例

古書凡三書四句平列者其先後本無深義傳寫或從而易置之文選干令升晉紀總論曰太康之中天下書同文車同軌李善注引禮記子曰今天下書同文車同軌視今本兩句倒置此或因正文而誤然奏彈曹景宗

文曰將一車書曲水詩序曰合車書於南北注並引禮記曰書同文車同軌此則非因正文而然疑李氏所據禮記與今不同也

論語公治長篇朋友信之少者懷之韓詩外傳引作少者懷之朋友信之雍也篇知者樂水仁者樂山李鼎祚周易集解引作仁者樂山知者樂水泰伯篇啟予足啟予手魏書崔光傳引作啟予手啟予足巍巍乎其有成功也煥乎其有文章後漢書馬融傳注引作煥乎其有文章巍巍乎其有成功菲飲食而致孝乎鬼神惡衣服而致美乎黻冕文選東京賦注引作惡衣乎而致美乎黻冕菲飲食而致孝乎鬼神鄉黨篇與下大夫言侃侃如也與上大夫言誾誾如也史記孔子世家作與上大夫言誾誾如也與下大夫言侃侃如也先進篇言語宰我子貢政事冉有季路鹽鐵論作政事冉有季路言語宰我子貢有民人焉有社稷焉論衡問孔篇作有社稷

焉、有民人焉、顏淵篇、非禮勿視、非禮勿聽、非禮勿言、非禮勿動、禮記曲禮正義引作非禮勿動、非禮勿言、非禮勿視、非禮勿聽、子路篇、父爲子隱、子爲父隱、韓詩外傳引作子爲父隱、父爲子隱、憲問篇、晉文公譎而不正、齊桓公正而不譎、風俗通皇霸篇引作齊桓公正而不譎、晉文公譎而不正、季氏篇、危而不持、顛而不扶、後漢書安帝紀引作顛而不扶、危而不持、子張篇、仕而優則學、學而優則仕、玉篇人部仕下引作學而優則仕、仕而優則學、以上竝見翟氏灝論語考異、按即論語一書、而它書所引上下倒置者、已不可勝計、則羣經可知矣、雖於義理無甚得失、亦讀古書者所宜知也、大戴記禮三本篇、天地以合、四時以洽、日月以明、星辰以行、按日月以明當在四時以洽之上、自此至終篇、皆兩句一韵也、荀子樂論史記樂書皆不誤、可據以訂正、又少閒篇、糟者猶糟、實者猶實、玉者猶玉、血者猶血、

按此章皆兩句一韻容從一也物惚二也恍象三也惚物四也冥精五也真信六也去甫七也

酒者猶酒、按酒者猶酒句當在糟者猶糟下、二語相對成文、糟濁而酒清也。玉者猶玉血者猶血二語亦相對、玉白而血赤也。至實者猶實句、或別有對文而今闕之、當爲衍句。

老子第二十一章、道之爲物、惟恍惟惚、惚兮恍兮、其中有象、恍兮惚兮、其中有物、按惚兮恍兮兩句當在恍兮惚兮兩句之下、蓋承上惟恍惟惚之文、故先言恍兮惚兮、其中有物、與上文道之爲物、惟恍惟惚四句爲韻、下云惚兮恍兮、其中有象、乃始轉韻也、王弼注曰萬物以始以成而不知其所以然、故曰恍兮惚兮、惚兮恍兮、其中有象也、注文當是全舉經文而奪其中有物四字、知王氏所據本猶未倒也、

淮南子俶眞篇、勢利不能誘也、辯者不能說也、聲色不能淫也、美者不能濫也、智者不能動也、勇者不能恐也、按聲色句當在辯者句前、則聲色貨

利以類相從、辯者美者智者勇者、亦以類相從矣、文子九守篇正如此、可據以訂正、

字以兩句相連而誤疊例

周書度訓篇、是故民主明醜以長子孫子孫習服鳥獸按子孫字不當疊疊者誤也、此以是故民主明醜以長子孫爲句、習服鳥獸爲句、疊子孫字則不可通矣、又程典篇、土勸不極美美不害用用乃思慎、按美字用字均不當疊疊者誤也、土勸不極美不害當作土物不極美不割、即文傳篇所謂毋伐不成材也、勸與物形似而訛、害與割聲近而借、今疊美字用字則不可通矣、又大開武篇、天降寤於程程降因於商商今生葛葛右有周維王其明用開和之言言孰敢不格、按程字不當疊、降寤於程、降因於商、皆天、所降也、若作程降因於商、則不可通矣、葛字亦不當疊、孔注曰、商朝生葛

戴校已刪

是祜助周也可知孔所據本不疊葛字也言字亦不當疊孔注曰可否相濟曰和欲其開臣以和則忠告之言無不至也是孔讀維王其明用開和之爲句言執敢不格爲句其不疊言字可知也今疊葛字言字義皆不可通矣一行之中誤疊之字纍纍如貫珠古書豈易讀哉

大戴禮四代篇於時鷄三號以興庶虞庶虞動蜚征作按庶虞字不當疊於是鷄三號以興七字爲句興卽謂鷄興也鷄夜伏而晨興故曰三號以興學者誤讀以興庶虞爲句遂重出庶虞字耳楊氏大訓本庶虞字不疊可據以訂正孟子告子篇施於四體四體不言而喻按四體字不當疊四體不言而喻義不可通若謂四體不言而人自喻則四體豈能言者若謂我之四體不待我言而自喻我意則凡人皆然豈必君子文選魏都賦劉淵林注應吉甫華林園集詩李善注引此文竝作不言而喻不連四體字

傳王者無求求金非
礼也然則是王者歟
曰非也非王者則曷爲
謂之王者王者無求
曰是子也上之王者無
求荅求金之非下之王
者無求荅兼王者
意各別也
雜志云當作地不正既
承上文正地而言地不正
則官不理即上文所云
地不平均和調則政不
可正也

可據以訂正。

文九年公羊傳非王者則曷爲謂之王者、王者無求、按王者字不當疊、上文言王者無求故此發問、言非王者曷爲謂之王者、王者無求、今疊王者字則無義矣。國語晉語、夫利君之富富以聚黨、利黨以危君、按富字不當疊、利與賴古字通、此言賴君之富以聚徒黨、以危君也。今疊富字、義反隔矣。管子乘馬篇陰陽章、正地者其實必正、長亦正、短亦正、小亦正、大亦正、長短大小盡正、正不正則官不理、末句本作不正則官不理、涉上句而誤疊正字。又爵位章、是故爵位正而民不怨、民不怨則不亂、然後義可理、理不正則不可以治、末句本作不正則不可以治、涉上句而誤疊理字。凡此皆兩句相連而誤疊者也。

字因兩句相連而誤脫例

朱校■故書開字重
■出依陸龢書說
衍

象曰去逖出遠害也
注散其憂傷遠出者
也散患於遠害之地誰
將咎之哉渙上九此血爲
憂傷之義
夫言血者陽犯陰也四
乘於三近不相得三務
於進而已隔之將懼侵
克者也上亦惡三而能
制焉志与上合共同斯
誠三雖逼己而不能犯
故得血去懼除无咎也
小畜六四注此血爲陰陽相傷

周書程典篇思地慎制思制慎人思人慎德德開開乃無患按德開開三字文不成義本作慎德德開開乃無患與上文皆四字爲句兩慎德字相連誤脫其一而義不可通矣尚書序殷既錯天命微子作誥父師少師按微子作誥父師少師文義未足本作誥父師少師兩誥字相連誤脫其一而義不可通矣

周易渙上九渙其血去逖出无咎傳曰渙其血遠害也則當於血字絕句然去逖出三字殊不成義疑本作血去逖出无咎因兩血字相連而誤脫其一也小畜六四曰血去惕出无咎正與此爻文義相近

老子六十一章故大國以下小國則取小國小國以下大國則取大國故或下以取或下而取按或下以取或下而取兩句文義無別殊爲可疑當作故或下以取小國或下而取大國卽承上文而申言之因下文云大國

不過欲兼畜人小國不過欲入事人兩大國字適相連而誤脱其一遂并删上句小國字使相對成文耳

列子仲尼篇孤犢未嘗有母非孤犢也此本作孤犢未嘗有母非孤犢也莊子天下篇釋文引李云言孤則無母孤稱立則母名去是其義也兩因有母字相連誤脱其一商子算地篇故民生則計利死則慮名利之所出不可不審也此本作名利之所出不可不審也下文云利出於地則民盡力名出於戰則民致死卽承此而言因兩名字相連誤脱其一春秋繁露執贄篇暢有似於聖人者聖人下當疊聖人字下所説皆聖人之德至暢亦取百草之心始説暢之似聖人則此當作聖人者明矣因兩聖人字相連誤脱其一淮南子主術篇雍門子以哭見孟嘗君涕流沾纓孟嘗君下當疊孟嘗君字涕流沾纓以孟嘗君言非以雍門子言也因兩孟嘗君字

雜志云必簡上當更有達字

相連誤脫其一、又泰族篇小藝破道、小見不達必簡、此文道下當疊道字、達下當疊達字、見字乃則字之誤、本云小藝破道、道小則不達、達必簡、文子上仁篇作道小必不通、通則必簡、是其明證也、因兩道字兩達字相連、誤脫其一、

字句錯亂例

古書傳寫、或至錯亂、識者宜尋繹其前後文理、悉心考正、周易說卦傳爲曳其於輿也爲多眚、按爲曳二字、當在其於輿也之下、其於輿也爲曳、如睽六三見輿曳是也、睽自三至五正互坎、以經注經、莫切於此矣、序卦傳豫必有隨、故受之以隨、以喜隨人者必有事、故受之以蠱、按以喜二字當在必有隨之上、其文曰豫以喜必有隨、故受之以隨、隨人者必有事、故受之以蠱、正義引鄭注曰、喜樂而出、人則隨從、正解豫以喜必有隨之義也、

可據以訂正、

歸妹初九歸妹以娣、跛能履、征吉、象曰、歸妹以娣、以恆也、跛能履、吉相承也、九二眇能視、利幽人之貞、象曰、利幽人之貞、未變常也、按眇能視三字當在跛能履之上、眇能視跛能履、兩句連文、與履六三爻同、九二則但曰利幽人之貞、與履九二履道坦坦、幽人貞吉、辭意相近、履九二言幽人、歸妹九二亦言幽人、履六三言眇能視跛能履、則知歸妹初九亦言眇能視跛能履矣、兩句一意、不得分屬二爻也、象傳止曰跛能履、不及眇能視、乃文具於前而略于後之例、說已見前、後人不達此例、以象傳無此三字、乃誤移之下爻耳、余著羣經平議未見及此、因附著于此、

尚書盤庚篇乃祖乃父丕乃告我高后曰、作丕刑于朕孫、釋文曰、我高后本又作乃祖乃父、按我高后既作乃祖乃父、則乃祖乃父必作我高后、釋

文傳寫奪去耳、尋繹文義、以別本爲長、上言乃祖乃父乃斷棄女、不救乃
死、就臣而言也、此言我高后丕乃告乃祖乃父曰、作丕刑于朕孫、就君而
言也、上文高后丕乃崇降罪疾曰曷虐朕民、又曰先后丕降與汝罪疾曰
曷不暨朕幼孫有比、亦是一就君言、一就臣言可證、
周書克殷篇泰顛閎夭皆執輕呂以奏王、王入即位于社太卒之左、孔注
曰執王輕呂當門奏、太卒屯兵以衛也、按經文本作泰顛閎夭皆執輕呂
以奏王太卒、王入即位于社之左、故孔注如此、堯典枚傳曰、奏進也、奏王
太卒者言進王之大卒以衛王也、後人誤讀皆執輕呂以奏王爲句、謂與
周公把大鉞召公把小鉞以挾王相對成文、因移太卒字於社字之下耳、
孔晁作注時尚未誤、又世俘篇時甲子夕、商王紂取天智玉琰五、環身厚
以自焚、凡厥有庶告焚玉四千、五日、武王乃俾千人求之、四千庶玉則銷、

奏王校從史記作衛
孫仲容云案注王字當
在奏下大卒即軍士不
當云之左史記作王既
入立于社南大卒之左
右畢從疑讀立于社
南句大卒之左右畢
從謂大卒與左右畢
從也

傳經緯天地曰文陳
云左傳釋此文爲九
德之不應指後人言
又文爲一德與八德同
例則此文字乃美德之
總稱不專指謚號所
謂文王非西伯昌之文全
也胡墨莊皆鄭箋承
傳經緯天地曰文之語
而云王季之德比于文
王猶言比于經緯天地

天智玉五在火中不銷、按凡厥有庶告焚玉四千、告焚二字當在四千之下、庶玉二字連文、此云凡厥有庶玉四千、故下云四千庶玉則銷、兩文正相應也、告焚二字自爲句、既告焚之玉只、武王乃使人求之、告焚者以商王紂自焚告、非以焚玉告也、注曰衆人告武王焚玉四千則孔氏作注時已誤矣、

詩皇矣篇維此王季、帝度其心、貊其德音、其德克明、克明克類、克長克君、王此大邦、克順克比、比于文王、其德靡悔、既受帝祉、施于孫子、箋云王季之德比于文王、無有所悔也、必比于文王者、德以聖人爲匹、按父比于子、義殊未安、維此王季句、昭二十八年左傳及禮記樂記所引並作維此文王、正義謂韓詩亦作文王、維此王季既作維此文王、則比于文王必作比於王季、毛詩蓋傳寫誤耳、

文王初非指西伯昌之文王也疏不善讀箋語耳

王晉卿云案藝文類聚武部大平御覽兵部引此並作政其政王念孫曰鈔本北堂書鈔武功部二引作改其政陳禹謨本又改爲致其征據此知宋以前大戴本皆作改其政某說非也

大戴記王言篇明王之所征必道之所廢者也彼廢道而不行然後誅其君致其征弔其民而不奪其財也按致其征三字當在誅其君之上其文曰彼廢道而不行然後致其征此乃申說上文又曰誅其君弔其民而不奪其財也則起下文時雨之意文義甚明傳寫誤倒王肅作家語遂易致其征爲改其政矣又夏小正篇初俊羔助厥母粥按經文言初者如初歲祭耒初服於公田皆以人事言至禽獸之事無一言初者且不曰俊羔初助厥母粥而曰初俊羔助厥母粥義亦未安此文初字當在上經禪字之上其文曰往耰黍初禪言往耰黍者初著單衣也傳寫誤倒耳又武王踐阼篇觴豆之銘曰飲自杖食自杖戒之憍憍則逃按戒之憍憍則逃乃上履屨之銘其文云慎之勞勞則富戒之憍憍則逃兩文相對而義亦反復相成傳寫誤移於此耳

大戴記小辨篇禮樂而力忠信其君其習可乎按此當作君其習禮樂而力忠信其可乎君其習三字誤移在可乎之上則不可通禮記禮運篇故聖王所以順山者不使居川不使渚者居中原而弗敝也按此當作故山者不使居川不使渚者居中原聖王所以順而弗敝也敝讀作彆詩采薇篇釋文引埤蒼曰彆弓末反戾也順而弗彆者順而弗戾也聖王所以順五字誤移在山者之上則不可通

昭元年左傳十二月晉既烝趙孟適南陽將會孟子餘甲辰朔烝於溫按此本作十二月甲辰朔晉既烝趙孟適南陽將會孟餘子烝於溫蓋言甲辰朔晉烝祭之後趙孟將適南陽會合餘子之在孟邑者與之烝祭於溫也溫孟皆趙氏之邑餘子即宣二年傳所謂又宦其餘子亦爲餘子者也因甲辰朔三字傳寫誤移在烝於溫之上而餘子又倒作子餘雖服子愼

注居華氏里助公戰華姪居于公里亦如之注姪華氏族故助華氏亦如傳新說甲歸案礼運冕弁兵革藏于私家非礼也蓋翟受甲于公既戰復說甲于公姪受甲華氏既戰必說甲于華而歸

注榬所以縣飾之案方言五篗榬也廣韻榬絡絲篗也是榬爲橫出者鍾磬之虡似之故曰縣鍾磬之榬

不得其解矣。又二十年傳，翟僂新居於新里，既戰，說甲於公而歸。按翟僂新既居於新里，安得脫甲於公？疑左氏原文本作翟僂新居於新里，既戰說甲而歸于公，亦傳寫誤倒其文也。

管子霸形篇：於是令之縣鍾磬之榬。按下文兩言鍾磬之縣，疑此縣榬二字傳寫誤倒，本作榬鍾磬之縣。榬通作緩，廣雅曰：緩，絡也。

墨子非儒下篇：夫仁事上竭忠，事親得孝，務善則美，有過則諫。按得字務字傳寫誤倒，本作事親務孝，得善則美。務孝與竭忠，得善與有過，皆相對成文。

莊子大宗師篇：俄而子輿有病，子祀往問之，曰：偉哉夫造物者，將以予爲此拘拘也。按子輿有病，當作子來有病。淮南子精神篇作子求，抱樸子博喻篇作子永，求與永竝來字之誤也。下文俄而子來有病，當作子輿有病，

案告殺穢除害之不可待秋也正以解此物獨死下文其可食者益食之天爲之利人獨代生之正以解此物獨生

傳寫誤倒之○

呂氏春秋審己篇、今夫攻者砥厲五兵、侈衣美食發且有日矣、所被伐者不樂非或聞之也、神者先告也、按侈衣美食四字當在所被伐者下、又審應篇待其功而後知其舜也、是市人之知聖也、按上舜字當作聖、下聖字當作舜。

春秋繁露盟會要篇、傳曰、諸侯相聚而盟、君子修國曰、此將率爲也哉、按修國二字當在此將率爲之下、又循天之道篇、是故當百物大生之時羣物皆生而此物獨死、可食者告其味之便於人也、其不可食者告殺穢除害之不可待秋也、當物之大枯之時、羣物皆死如此物獨生、按可食者告其味之便於人也十一字當在如此物獨生之下

賈子時變篇、今俗侈靡以出相驕出倫踰等、以富過其事相競、按出倫踰

等四字出衍文倫踰等三字當在上出字之下本作以出倫踰等相驕以富過其事相競又瑰瑋篇作之費日挾巧用之易弊不耕而多食農人之食按挾巧二字當在不耕之上本作挾巧不耕而多食農人之食

淮南子主術篇夫寸生於穛穛生於日日生於形形生於景按王氏引之以穛爲䅺字之誤是也惟䅺生於日義不可通疑本作寸生於䅺䅺生於形形生於景景生於日與下文樂生於音音生於律律生於風文義一律此皆字句之錯亂者不可不正也

簡筴錯亂例

凡字句錯亂者尋其文義移易其一二字即怡然理順矣若乃簡策錯亂文義隔絕有誤至數十字者則非合其前後悉心參校不易見也鄭君注禮屢云爛脫今舉數事以見例焉

周易繫辭下傳神農氏沒黃帝堯舜氏作通其變使民不倦神而化之使民宜之易窮則變變則通通則久是以自天祐之吉无不利黃帝堯舜垂衣裳而天下治蓋取之乾坤按易窮則變二十字以上下文法言之殊爲不倫疑易窮則變變則通通則久乃上篇動則觀其變而玩其占以下之脫簡是以自天祐之吉无不利乃文之重出者也幸此文重出而爛脫之迹猶未盡泯可以校正當移至上篇曰是故君子居則觀其象而玩其辭動則觀其變而玩其占易窮則變變則通通則久是以自天祐之吉无不利

禮記儒行篇儒有不隕穫於貧賤不充詘於富貴不慁君王不累長上不閔有司故曰儒按上文所陳十五儒皆以儒有起有如此者結此文亦以儒有起而以故曰儒結之既不一律且義亦未足豈所謂儒者止以其不

慁君王不累長上不閔有司乎疑儒有不隕穫至不閔有司二十六字當在上文其尊讓有如此者之前、與前所列十五儒一律、孔子說儒者之行蓋十有六也上文溫良者仁之本也至猶且不敢言仁也、當在此文故曰儒之上、乃孔子總論儒行也、自簡策錯亂、而十六儒止存十五儒、鄭君說溫良者一節爲聖人之儒行、說儒有不隕穫於貧賤一節、爲孔子自謂、其失甚矣、

宣十八年左傳楚莊王卒、楚師不出、既而用晉師、楚於是乎有蜀之役、按此二十一字本在上文夏公使如楚乞師欲以伐齊之下、編次者因經書甲戌楚子旅卒在邾人戕鄫子於鄫之後遂割傳文而綴諸此使經事相次耳非左氏之舊

國語周語是日也瞽帥音官以省風土廩於籍東南鍾而藏之而時布之

於農按是日者耕藉之日也甫耕未及斂也何遽及此且王所藉田以奉齍盛何以布之於農乎疑廩於藉東南鍾而藏之而時布之十三字當在下文耨穫亦如之之下民用莫不震動恪恭於農之上於農二字即涉下文而衍幸衍此三字爛脫之迹尚未盡泯可以校正今移至下文曰耨穫亦如之廩於藉東南鍾而藏之而時布之民用莫不震動恪恭於農如此則文義自順矣

孟子盡心篇貉稽曰稽大不理於口孟子曰無傷也士憎茲多口按此章之文止於此下文詩云憂心悄悄一節當在貉稽曰之前與上章合爲一章其文曰孟子曰君子之戹於陳蔡之閒也無上下之交也詩云憂心悄悄慍於羣小孔子也肆不殄厥慍亦不殞厥問文王也蓋因孔子而及文王正以文王比孔子也若果孟子爲貉稽引詩則當有次第安得先孔子

而後文王乎又鄉原章曰何以是嘐嘐也言不顧行行不顧言則曰古之人古之人行何爲踽踽涼涼按此三十字當在其志嘐嘐然之下夷考其行之上曰何以是嘐嘐也萬章問也言不顧行以下孟子答也狂者言行不相顧每以古人之行爲隘小而非笑之則曰古之人古之人行何爲踽踽涼涼此狂者譏古人之詞及考其所爲實未能大過古人故曰夷考其行而不掩焉者也此三十字誤移在後而前文止存曰古之人古之人七字乃爛脫之未盡者可藉以考見其舊也

管子幼官篇一千里之外三千里之內諸侯五年而會至習命三年名卿請事二年大夫通吉凶十年重適入正禮義五年大夫請受變按三年二年之後又云十年五年於義難曉此二句當在下文三千里之外諸侯世一至之下蓋世一至則太疏闊故五年必使大夫請受變十年必使重適

上文黃帝之王下有燒山林破增藪焚沛澤逐禽獸若以童山竭澤四字加于其上[redacted]以輕重戊黃帝之王童山竭澤有虞之王燒曾藪斬羣害以爲民利證之則俞說似複

入正禮義也又揆度篇二五者童山竭澤人君以數制之人味者所以守民口也聲者所以守民耳也色者所以守民目也君失二五者亡其國大夫失二五者亡其勢民失二五者亡其家按童山竭澤四字當在上文至於黃帝之王句下輕重戊篇黃帝之王童山竭澤是其明證人君以數制之人君失二五者亡其國大夫失二五者亡其勢民失二五者亡其家至味者所以守口也三句當在二五者人君以數制之之上試連上文讀之曰其在色者青黃白黑赤也其在聲者宮商羽徵角也其在味者酸辛鹹苦甘也味者所以守民口也聲者所以守民耳也色者所以守民目也如此則文義俱順矣二五者人君以數制之本與人君失二五者相連雖羼入此三句而尚留一人字亦其迹之未泯者也

楊子法言學行篇吾不覩參辰之相比也是以君子貴遷善遷善者聖人

之徒也百川學海而至於海丘陵學山而不至於山是故惡夫畫也頻頻之黨甚於鵙斯亦賊夫糧食而已矣按遷善與參辰不相比意不相承頻頻之黨與惡畫之義亦不相承此兩節疑傳寫互易當曰吾不覩參神辰之相比也頻頻之黨甚於鵙斯亦賊夫糧食而已矣百川學海而至於海丘陵學山而不至於山是故惡夫畫也是以君子貴遷善遷善者聖人之徒也兩節傳寫互易而其義皆不可通此皆簡策之錯亂者不可不正也

古書疑義舉例卷六終

二十四年九月卅日畢 少咸

雙流李天根校字

矣
示有危傾未謂社稷
案吳內曰旅皆指寶貝
物若改作基不可解矣

古書疑義舉例卷七

德清俞樾著

不識古字而誤改例

學者少見多怪，遇有古字而不能識，以形似之字改之，往往失其本眞矣。今略舉數字示例。

其古文作亓。周易雜卦傳：噬嗑，食也；賁，其色也。蓋以食色相對成文，加其字以足句也。其從古文作亓，學者不識，遂改作无字，雖曲爲之說，而不可通矣。周書文政篇：基有危傾。基字叚其爲之，蓋古字通用。詩昊天有成命篇：夙夜基命宥密。禮記孔子閒居篇作夙夜其命宥密，是其證也。因其字從古文作亓，學者不識，改作而字，示有危傾，義不可通矣。國語吳語：伯父多歷年以沒其身。語意甚明。因其字從古文作亓，學者不識，改作元字，以

墨子尚賢下云女何擇言人何敬不刑何度不及能擇人而敬爲刑堯舜禹湯文武之道何及也是何也則以尚賢及之段茂堂曰墨子說何度非及似近是

沒元身義不可通矣

旅古文作𣄼尙書康誥篇紹聞旅德言旅者陳也言布陳其德言也因旅字從古文作𣄼學者不識改作衣字矣周書武稱篇冬寒其衣服衣亦旅字之誤史記天官書曰主葆旅事是旅與葆同義此篇曰冬寒其旅大武篇冬凍其葆文義同也因旅字從古文作𣄼學者不識改作衣字而又加服字矣官人篇愳依人也依亦旅字之誤旅讀爲魯說文曰𣄼古文旅古文以爲魯衛之魯是也愳魯連文義正相近因誤旅爲魯而又從古文作𣄼學者不識改作衣字以愳衣無義又從人作依矣

服古文作𠬝尙書呂刑篇何敬非刑何度非服刑對服言古語如此堯典曰五刑有服五服三就此篇曰上刑適輕下服下刑適重上服並其證也史記作何居非 其宜爾雅曰服宜事也是服宜同義故經文作服史記作

王、孔之注乃皮傅史記何居非其宜爲說何居非其宜此恐今文尚書之駁異、非以宜訓及也

宜也服字從古文作𠬝學者不識改作及字則史記作宜之故不可曉矣大戴記王言篇服其明德也其義明白無疑因服字從古文作𠬝學者不識改作及字孔氏廣森作補注曰明德之所及也夫明德所及不得言及其明德可知其非矣淮南子主術篇蓋力優而德不能服也其義亦明白無疑因德字從古文作悳服字從古文作𠬝學者不識改悳爲克改𠬝爲及高注曰克猶能也則克不能及爲能不能及文義不可通矣按僖二十四年左傳子臧之服不稱也夫釋文服作及蓋亦由古本是𠬝字故誤爲及也

近古文作𡲞禮記大學篇見賢而不能舉舉而不能近與見不善而不能退退而不能遠相對成文因近字從古文作𡲞學者不識疑篆文先字之誤遂改爲先字與下句不一律矣

自古文作白大戴記文王官人篇自分其名以私其身與周書官人篇自以名私其身雖字句小異意義則同因自字從古文作白學者以爲黑白之白遂移至分字之下作分白其名非戴記之舊矣

終古文作𠔀大戴記本命篇女終日乎閨門之內義不甚明因終字從古文作𠔀隸譌作夂學者不識改作及字孔氏補注曰及日猶終日則義不可通矣

君古文作𠱥國語晉語楚成王以君禮享之謂以國君之禮享之下文秦穆公饗公子如饗國君之禮正與此同因君字從古文作𠱥學者不識改爲周字管子白心篇知苟適可爲天下君猶下文言可以爲天下王也因君字作𠱥學者不識亦改爲周字

讙古文作吅周書時訓篇鶡旦不鳴國有訛言虎不始交將帥不讙荔挺

不生，鄉士專權，讙與歡古字通用，因讙字從古文作吅，學者不識，改爲和字，則與上下文言字權字不協韵矣。

師古文作𠦝，墨子備蛾傳篇敵引師而去，其文甚明，因師𠦝從古文作𠦝，學者不識，改爲哭字，引哭而去，義不可通矣。

𡇒古儡字也，說文人部儡相敗也，從人𪇰省聲，𡇒字亦從人從𪇰省，而止省去中閒一回，猶𪇰字從鳥𪇰省聲，而籒文作𦇐，止省去中間一回字也。管子侈靡篇若是者必從是𡇒亡乎，𡇒亡猶言敗亡也。學者不識𡇒字，傳寫誤作嚚，尹注以爲即鼻字，洪氏筠軒又疑是嚚字之譌，胥失之矣。

垂古文作𠂹，見說文我部。管子地員篇山之𠂹，即山之垂也。說文土部垂，遠邊也，謂山之邊側也。學者不識𠂹字，誤作才字，又加木旁作材，失之矣。

起古文作𨑨，漢書孝哀帝紀建平元年詔曰：其與大司馬列侯將軍中二千石州牧守相舉孝弟惇厚能直言通政事迟於側陋可親民者各一人、起於側陋、謂從微賤起家、故能周知民間疾苦、可使親民也、學者不識迟字、誤作延字、師古訓爲可延致而仕者、文義迂回、王氏念孫遂議移此四字於州牧守相之下矣。

不達古語而誤解例

古人之語傳之至今往往不能通曉於是失其解者十而八九今略舉數事示例

艸蔡古語也、說文丰部丰艸蔡也、象艸生之散亂也、亦或作草竊、竊與蔡一聲之轉。艸蔡之爲草竊、亦猶莊子竊竊之或爲察察也、尚書微子篇好草竊姦宄、草竊卽艸蔡、其本義爲艸亂、引申之則凡散亂者皆得言之、故與奸宄連文、好草竊卽好亂也、枚傳訓爲草野竊盜、不達古語矣。

旅距古語也。後漢書馬援傳：「黠羌欲旅距。」李賢注曰：「旅距，不從之貌。」亦或作據旅，據與距聲近。說文酉部：「醵，或作⿰酉巨。」是其證也。旅距、據旅，語有倒順耳。凡雙聲疊韻之字，往往如此。大戴記曾子制言篇：「行無據旅。」言其行之無所違也。盧注訓爲「守直道，無所私」，未達古語。

士芥古語也。哀元年左傳：「以民爲士芥。」是也。芥即丯字，說文丯部：「丯，艸蔡也。」讀若介。因丯讀若介，故即以介爲之，而又叚用從艸之芥也。亦或作土蔡，蔡者蔡之叚字，猶芥者介之叚字也。大戴記用兵篇：「作宮室高臺汙池，以民爲土蔡。」猶左傳（哀元年）所云「以民爲土芥」也。學者不識土蔡之語，乃移至汙池之下，使「汙池土蔡」四字連文，而「以民爲」下增虐字以成句。「以民爲虐」，文不成義，可知其非矣。

弱植古語也。植讀爲脂膏膩敗之膩，字本作殖。說文歺部：「殖，脂膏久殖也。」

亦通作埴、釋名釋土地、土黃而細密曰埴、埴膱也、黏泥如脂之膱也、然則人之弱者謂之膱、猶之土黏者謂之埴矣、襄三十年左傳其君弱植、植卽膱之叚字、正義訓植爲樹立、則弱植二義不屬矣。

究度古語也、詩皇矣篇爰究爰度是也、亦或作鳩度、襄二十五年左傳度山林鳩藪澤是也、說本王氏經義述聞、亦或作軌度、二十一年傳軌度其信是也、究鳩軌並從九聲、故得通假、劉炫曰軌法也、行依法度而言有信也、未達古語。

婁空古語也、說文女部婁空也、從毋中女、婁空之意也、凡物空者無不明、故以人言則曰離婁、以屋言則曰麗廔、離與麗皆婁字之雙聲也、論語先進篇回也其庶乎婁空、此言顏子之心通達無滯、若窗牖之麗廔闓明也。史記伯夷傳回也屢空、糟糠不厭、則西漢經師已失其解、而婁空之語獨見于說文、乃歎許君之書有裨經學不淺也。

遷延、古語也、襄十四年左傳晉人謂之遷延之役是也、亦或作遷衍、衍與延古通用、周官大祝注衍字當爲延、又男巫注衍讀爲延、竝其證也、管子白心篇、無遷無衍、猶曰無遷延耳、尹注曰無遷移、無寬衍、未達古語。

斟愖古語也、後漢書馮衍傳、意斟愖而不憺兮、李賢注曰、斟愖猶遲疑也、亦或作諶斟、諶與愖同、斟愖諶斟語有倒順耳、管子任法篇、然故諶斟習士聞識博學之人不可亂也、習士即俗士、說文人部俗習也、習俗雙聲、故義得相通、諶斟習士、謂流俗之士、意識遲疑者也、此指愚不肖者而言、下云聞識博學之人則指賢知者而言、今斟字誤作杵、蓋由古書斟字或作抖、見漢書地理志、應劭注、抖杵形近而誤、尹注曰杵所以毀碎於物者也、謂姦詐之人僞託於諶以毀君法、此不達古語而强爲之說、迂曲甚矣、

比要古語也、周官小司徒職、大比則受邦國之比要、鄭司農云、要謂其簿
然則比要者、大比之簿籍也、管子七臣七主篇、比要審則法令固可知管
子治齊猶本周制、後人不識比要之語、改比爲皆、尹注訓爲事、皆得要失
之○

寠數古語也、釋名姿容曰、寠數、猶局縮、皆小意也、字亦作屨縷、屨縷與寠
數、並從婁聲、古雙聲疊韵字、無一定也、管子輕重甲篇、此郭者盡屨縷之
甿也、縷屨即寠數、猶小民耳、自來不達古語、莫得其解○

積穢古語也、說文禾部穢積穢也、徐鍇曰、積穢不伸之意、亦或作支苟古
文以聲爲主、無定字耳、墨子親士篇、分議者延延、而支苟者詻詻、支苟即
積穢、蓋謂在下位者、雖見凌壓、而不得伸、必詻詻然自伸其意也、自來莫
得其解、畢氏沅遂疑其字誤矣、

謑詬，古語也。說文言部：詬，謑詬，恥也。荀子非十二子篇作謑詢，詢即詬之或體。漢書賈誼傳作奊詬，奊即謑之或體，作謨者之省也。又或作奊后，奊即謑之省，后即詬之省，古文省偏旁耳。墨子節葬下篇內積奊后，並爲淫暴而不可勝禁也。奊后即謑詬，言其內積恥辱也。今本積誤爲續，后誤爲吾，於是古語愈不可解矣。

觧果，古語也。荀子儒效篇解果其冠，楊注引說苑蟹螺者宜禾爲證。富國篇云和調累解，又韓非子揚搉篇若天若地，是謂累解。累解亦即蟹螺也。彼從虫而此否者，書有緐簡；蟹螺、累解，語有倒順耳。說苑以蟹螺汙邪對文，則蟹螺猶平正也。注者不知古語，均失其解。

逡巡，古語也。亦或作逡遁，漢鄭固碑逡遁退讓是也。亦或作蹲循，莊子至樂篇忠諫不聽，蹲循勿爭。按外物篇釋文引字林曰：踆，古蹲字。然則漢碑

作逡遁莊子作蹲循字異而義同謂人主不聽忠諫則臣當逡巡而退勿與爭也郭注曰惟中庸之德爲然此不達古語而曲爲之詞

敬文古語也荀子勸學篇曰禮之敬文也禮論篇曰事生不忠厚不敬文謂之野送死不忠厚不敬文謂之瘠是荀子書屢有此言性惡篇不如齊魯之孝具敬父者何也則誤文爲父大略篇不時宜不敬交不驩欣則誤文爲交皆由淺人不達古語而臆改

鮮⿰黹虘古語也說文黹部⿰黹虘合五采鮮色是鮮色謂之⿰黹虘故合而言之曰鮮⿰黹虘墨子節用上篇芊䱹字四見皆當作鮮且蓋鮮字左旁之魚誤移在且旁耳鮮且卽鮮⿰黹虘⿰黹虘從虘聲虘從且聲故且字可通作⿰黹虘也古書多古語又多段借字殆難爲拘文牽義者道矣

兩字一義而誤解例

詩天保篇、俾爾單厚、傳曰單信也、或曰單厚也、箋云單盡也、按傳箋三說當以訓厚爲正、俾爾單厚、單厚一義、猶下文俾爾多益、多益亦一義也。古書中兩字一義者往往有之。

尙書無逸篇用咸和萬民、按咸和一義也、咸讀爲諴、說文言部諴和也、咸和即諴和、枚傳以爲皆和萬民、則不辭矣、多方篇爾曷不夾介乂我周王、按夾介一義也、一切經音義引倉頡曰夾輔也、爾雅釋詁曰介助也、夾介猶言輔助、枚傳以爲近大見治於我周王、則不辭矣。

周書商誓篇、昏憂天下、按憂當爲擾、隸變作擾、闕其左旁則爲憂矣、昭十四年左傳注曰、昏亂也、襄四年傳注曰、擾亂也、昏擾二字同義。

詩板篇、爾用憂謔、按憂謔同義、憂讀爲優、襄六年左傳注曰、優調戲也、是優即謔也、蕩篇而秉義類、按義類同義、義與俄通、衺也、說本王氏念孫、類與戾通說文犬部戾曲也義類猶言衺曲也昭十六年左傳刑之頗類頗類亦與義類同頗義古同部字也鄭箋訓憂謔爲可憂之事反如戲謔訓義類爲宜用善人不知二字同義而曲爲之說宜其迂遠矣

周官庾人正校人員選按員選同義皆數也說文員部員物數也選通作算說文竹部算數也正校人員選者正校人之數也鄭注云選擇可備員者失之

大戴記文王官人篇其老觀其意憲愼按意憲同義原憲子思是憲有思義意憲猶意思也禮記樂記篇發慮憲求善良良與善同義憲與慮亦同義自來但知憲之訓法而不知憲之訓思則意憲也慮憲也皆兩字不倫矣又曰微忽之言按微忽同義廣雅釋詁總微也曹憲音忽是總即忽也漢書律歷志曰無有忽微此云微忽猶彼云忽微盧注曰謂微細及忽然

之語則微忽三字不倫矣○

文十八年左傳其人則盜賊也其器則姦兆也按盜賊二字同義姦兆二字亦同義兆讀爲佻周語曰姦仁爲佻此姦佻之義也○杜注訓兆爲域失之襄三十一年傳寇盜充斥按充斥二字同義充大也見淮南說山篇呂氏春秋必己篇高誘注斥亦大也見文選魏都賦李善注凡有大義者皆有多義如殷訓大亦訓盛豐訓大亦訓滿皆是也充斥並爲大故並爲多充斥言多也○杜注曰充滿斥見失之昭十二年傳唯是桃弧棘矢以共禦王事按共禦二字同義禦與御通廣雅釋詁供奉獻御進也○共御猶曰共奉獻御質言之則止是以共王事耳御亦共也杜注曰以禦不祥失之

國語周語叔父若能光裕大德更姓改物以創制天下自顯庸也按創制二字同義論語憲問篇釋文曰創制也顯庸二字亦同義庸讀爲融下文

此本述聞

穀洛鬭章顯融昭明彼作顯融此作顯庸一也鄭語命之曰祝融韋注融明也然則顯融二字止是一義顯融昭明四字亦止是一義又曰制戎以果毅制朝以序成按果毅二字一義序成二字亦一義序次也成亦次也言制朝廷之位則以次序也儀禮覲禮篇鄭注曰成猶重也凡相重者即有相次之義故成爲重亦爲次猶序爲次亦爲重史記趙世家正義曰序重也足證其義之通矣又曰棄袞冕而南冠以出不亦簡彝乎按簡彝二字同義爾雅釋詁夷易也彝與夷古字通簡彝即簡易也又曰若能類善物以混厚民人者按混厚二字同義混亦厚也說文心部惲重厚也命惲厚字皆以渾爲之而混與渾又通用故混厚即渾厚矣又曰四閒林鍾和展百事俾莫不任肅純恪也按和展二字同義展布也和展猶和布也周

官太宰之職正月之吉始和布治於邦國都鄙和讀爲宣和布者宣布也說本王氏引之然則和展亦猶宣布也以上諸條並二字同義而韋注皆失其解

孟子公孫丑篇弟子齊宿而後敢言按齊宿二字同義儀禮特牲饋食禮禮記祭統篇注並曰宿讀爲肅然則齊宿即齊肅也賈子保傅篇有司齊肅端冕國語楚語故齊肅以承之並齊肅連文之證離婁篇又從而禮貌之按禮貌二字同義周易繫辭傳知崇禮卑蜀才本禮作體詩谷風篇無以下體韓詩外傳體作禮然則禮貌即體貌也戰國齊策令人體貌而親郊迎之漢書賈誼傳所以體貌大臣而厲其節也並體貌連文之證

兩字對文而誤解例

凡大小長短是非美惡之類兩字對文人所易曉也然亦有其義稍晦致

失其解者如尚書洪範篇木曰曲直金曰從革曲直對文從革亦對文漢書外戚傳注曰從因也由也蓋從之義爲由故亦爲因從革即因革也金之性可因可革謂之從革猶木之性可曲可直謂之曲直也人知因革莫知從革斯失其解矣

酒誥篇作稽中德按作稽二字對文稽字從禾說文曰禾木之曲頭止不能上也故稽亦有止義說文稽部稽留止也作稽者作止也言所作所止無不中德也人知作止莫知作稽斯失其解矣

周書文政篇充虛爲害按充虛二字對文荀子儒效篇若夫充虛之相施易也楊注曰充實也是充虛即實虛也大聚篇殷政總總若風草有所積有所虛此即充虛爲害之義人知虛實莫知充虛斯失其解矣

詩野有蔓草篇邂逅相遇綢繆篇見此邂逅按邂逅二字對文莊子胠篋

篇解垢同異之變多、解垢卽邂逅也、與同異竝言是邂逅二字各自爲義、解之言解散也、逅之言構合也、野有蔓草篇、傳曰不期而會、是專說逅字之義、謂因逅而連邂也、綢繆篇傳曰、解說之貌是專說邂字之義、謂因邂而連言逅也、毛公六國時人、猶達古義、

國語楚語吾聞君子唯獨居思念前世之崇替、按崇替二字對文韋注曰崇終也替廢也是未達崇字之義文選東京賦薛綜注曰、崇猶興也、然則崇替猶言興廢。

管子五輔篇修道途、便關市愼將宿按將宿二字對文廣雅釋詁、將行也、宿止也、然則將宿猶言行止、又水地篇違非得失之質也、按違非二字對文違讀爲韙隱十一年左傳犯五不韙杜注曰韙是也、然則違非猶言是非。

段茂堂曰壁中故書作姐故鄭云姐讀曰阻阻厄也古且與姐音同義同且薦也姐所以薦肉也孔壁與伏壁當是皆本作且伏讀且爲祖訓始孔安國本則或通以今字作姐而說之者仍多依今文讀爲祖訓始如馬季長注是也至

文隨義變而加偏旁例

周易訟九三象傳患至掇也集解引荀爽曰如拾掇小物而不失也釋文曰鄭本作惙憂也按此字鄭荀各異疑本字止作叕說文叕部叕綴聯也患至叕也言患害之來綴聯不絕也荀訓掇拾因變其字爲掇鄭訓憂因變其字爲惙皆文之隨義而變者也

尙書堯典篇黎民阻飢詩思文篇正義引鄭注曰阻阨也釋文曰馬融注尙書作祖始也按此字馬鄭各異疑本字止作且說文且部且薦也黎民且飢言黎民薦飢也馬訓始因變其文作祖鄭訓阨因變其文作阻亦文之隨義而變者也

詩楚茨篇有飶其香傳曰飶芬香也釋文曰字又作苾按苾本字飶俗字也後人因其言酒醴變而從食說文遂於食部出飶篆曰食之香也然則

鄭乃讀爲阻鄭意九載績隋土黎民久飢不得云始飢故易字作阻云厄也

皫　犥

孫仲容曰此字古當止作麃內則注云皫色毛變色也孔疏云皫色其色變無潤澤廣韻三十小引蒼頡篇云麃鳥毛變色字作麃與內則或本同訓爲鳥毛變色與此注失色之義並正合

此本述聞上下相因而誤條

下文有椒其馨椒字何又不從食乎經典之字若斯者衆山名從山水名從水鳥獸草木無不如是而字亦孳乳浸多矣

周官內饔鳥皫色而沙鳴貍按說文無皫字釋文出皫字曰本又作犥是陸氏所據本作犥也說文牛部犥牛黃白色又馬部驃黃馬發白色二字義同以牛言故從牛以馬言故從馬耳此經言鳥而古無從鳥從票之字故借用犥字傳寫者以其言鳥不得從牛又改而從白玉篇白部遂收皫字矣

字因上下相涉而加偏旁例

字有本無偏旁因與上下字相涉而誤加者如詩關雎篇展轉反側展字涉下轉字而加車旁采薇篇玁允之故允字涉上玁字而加犬旁皆是也

周官大宗伯職以禬禮哀圍敗鄭注曰同盟者會合財貨以更其所喪按

段茂堂云案此則經文禬字當爲會小行人若國師役則令槁禬之同也
戴東原曰小正以著名者謂小正立言之體以緹著而先見故不曰縞緹而名其物條曰緹縞
高庄故曰小大短長冠帶有常也

周禮原文本作會禮故鄭君直以會合財貨說之若經文是禬字則爲禬禳之禬非會合之會鄭君必云禬讀爲會矣鄭無讀爲之文知其字本作會涉下禮字而誤加示旁也

大戴記夏小正篇緹縞按緹字古夏小正當作是是與寔通寔與實通故傳曰是也者其實也今作緹涉下縞字而誤加糸旁

兩字平列而誤倒例

平列之字本無順倒雖有錯誤文義無傷然亦有不可不正者禮記月令篇制有小大度有長短按長短當依呂氏春秋仲秋紀作短長今作長短則與韻不協矣又云量小大視長短按小大當依衛湜集說本作大小上文云制有小大度有短長則小字當在大字之前以下句短字在長字之前小大短長各相當也此云量大小視長短則大字當在小字之前以下

句長字在短字之前，大小長短亦各相當也。正義曰：大謂牛羊豕成牲者，小謂羔豚之屬也。先釋大字，後釋小字，是其所據本不誤。此類宜悉心訂正，庶不負古人文理之密察也。

兩文疑複而誤删例

周書酆保篇：不深乃權不重。按此當作不深不重，乃權不重。蓋承上文深念之哉、重維之哉而言，謂不深念之、不重維之，則其權不重也。後人因兩句皆有不重字而誤删其一，不知上句不重乃重複之重，下句不重乃輕重之重，字雖同而義則異也。

商子農戰篇：國作一歲者十歲强，作一十歲者百歲强，修一百歲者千歲强。按此承上句是以聖人作壹摶之也而言，本云國作壹一歲者十歲强，作壹十歲者百歲强，作壹百歲者千歲强，乃極言作壹之效。本篇作壹字

屢見此四言作壹乃一篇之宗旨也讀者誤謂壹一同字而於作壹一處句刪去壹字於下兩句又改壹爲一末句作字又誤爲修於是其義失全矣

據他書而誤改例

禮記坊記篇引詩横從其畝按毛詩作衡從其畝傳曰衡獵之從獵之釋文引韓詩作横由其畝東西耕曰横南北耕曰由此經引詩上字既同韓詩作横下字亦必同韓詩作由鄭君疑南北耕不可謂之由故不從韓義而别爲之説曰横行治其田也廣雅釋詁曰由行也鄭訓横由爲横行其意如此後人據毛詩以改禮記而注義晦矣

墨子七患篇爲者疾食者衆則歲無豐按疾當作寡爲者寡而食者衆雖豐年不足供之故歲無豐也今作爲者疾後人據大學改之

孫仲容曰此疑當作爲者疾食者寡則歲無凶爲者緩食者衆則歲無豐也

上文咸以歲善與歲以對舉是其證

王懷祖云日參己當從荀子作日參省乎己參讀爲三己身也即曾子所謂三省吾身也

畢校云劉本作鑾高氏之解或異于鄭未可知也亦不得竟以劉本爲非

荀子勸學篇君子博學而日參省乎己按省乎二字衍文大戴記勸學篇作君子博學如日參已焉如而古通用無省乎二字此作君子博學而日參省乎己後人據論語增之

呂氏春秋孟春紀乘鸞輅按鸞本作鑾高注曰鸞鳥在衡和在軾鳴相應和後世不能復致鑄銅爲之飾以金謂之鑾輅也高意鑄銅象鸞鳥故其字從金從鸞省若本是鸞字不必有鑄銅飾金之說矣今作鸞輅者後人據禮記改之遂并高注而竄易之

淮南子詮言篇此四者耳目鼻口不知所取去心爲之制各得其所按上文云目好色耳好聲口好味此承上文而言不當有鼻字蓋後人據文子符言篇增入之不知彼上文目好色耳好聲鼻好香口好味與此不同未可據彼增此也

据他書而誤解例

詩鄭風羔羊篇、三英粲兮、傳曰三英三德也、箋云三德、剛克柔克正直也、按三德即具本詩、首章洵直且侯、一句有二德、次章孔武有力一句爲一德、直也侯也武也、所謂三德也、鄭以洪範説此詩、恐未必然、蓋一經自有一經之旨、牽合他書爲説、往往失之、

董子三代改制質文篇、故四法如四時然、按四法即上文所謂主天法商而王、主地法夏而王、主天法質而王、主地法文而王也、盧氏文弨注引錢説云四法即夫子所以告顏淵者、亦猶鄭君之以洪範三德説三英矣、

書序以武庚管叔蔡叔爲三監、逸周書作雒篇以武庚管叔霍叔爲三監、左傳以皇皇者華一詩爲有五善、魯語則謂有六德、周禮天官有九嬪無三夫人、昏義則有三夫人、周禮六官爲六卿、考工記匠人則有九卿、匠人

營國方九里旁三門凡十三門月令則但有九門王制士一廟祭法則云適士二廟官師一廟庶士無廟曲禮王制並云大夫祭五祀祭法則云大夫立三祀凡此之類當各依本文爲說援据他書牽合異義則反失之矣說詳王氏經義述聞

分章錯誤例

詩關雎篇關雎五章章四句故曰三章一章章四句二章章八句釋文曰五章是鄭所分故言以下是毛公本意後放此按關雎分章毛鄭不同今從毛不從鄭竊謂此詩當分四章每章皆有窈窕淑女句凡四言窈窕淑女則四章也首章以關關雎鳩興窈窕淑女下三章皆以參差荇菜興窈窕淑女惟弟二章增求之不得寤寐思服悠哉悠哉展轉反側四句此古人章法之變求之不得正承寤寐求之而言鄭分而二之非是毛以此章

黄蕘圃云此与上章以類聯古注各自爲章

八句遂合三四兩章爲一使亦成八句則亦失之矣

論語分章亦有可議者如子曰雍也可使南面爲一章仲弓問子桑伯子以下又爲一章必謂仲弓聞夫子許巳因問子桑伯子以自質則失之泥矣此古注是而今非也子謂顏淵曰用之則行舍之則藏惟我與爾有是夫爲一章子路曰以下又爲一章子路之問乃是自負其勇必謂因夫子獨美顏淵而有此問則視子路太淺矣此古注與今本俱失者也

老子五十七章以正治國以奇用兵以無事取天下吾何以知其然哉以此按此數句當屬上章如二十二章曰吾何以知衆甫之然哉以此五十四章曰吾何以知天下之然哉以此並用以此二字爲章末結句是也下文天下多忌諱而民常貧乃別爲一章今本誤

分篇錯誤例

呂氏春秋貴信篇管子可謂能因物矣以辱爲榮以窮爲通雖失乎前可謂後得之矣物固不可全也按貴信篇文止於可謂後得之矣言管仲矣乎前而得乎後其意已足物固不可全也乃下舉難篇之起句故其下云由此觀之物豈可全哉正與起句相應也今本誤

董子深察名號篇詰其名實觀其離合則是非之情不可以相讕也按此下當接春秋辨物之理至五石六鷁之辭是也六十三字深察名號篇至此已畢今世闇於性言之者不同至離質如毛則非性矣不可不察也八十三字與袵衆惡於內云云相接則爲實性上篇今此八十三字誤羼入深察名號篇春秋辨物之理一節之上而兩篇遂不可分矣非董子之舊

誤讀夫子例

畢校引國策論衡

夫字古或用作詠歎之詞人所盡曉乃亦有誤屬下讀者論語子罕篇未之思也夫何遠之有此當於夫字絕句今誤連何遠之有讀之孟子離婁篇仁不可爲衆也夫國君好仁天下無敵此亦當於夫字絕句今誤連國君好仁讀之

莊子徐無鬼篇其求唐子也而未始出域有遺類也夫癹有遺類也夫乃反言以明之言必無遺類也郭注以夫字連下楚人寄而蹢閽者讀故失其義

呂氏春秋開春篇先君必欲一見羣臣百姓也天故使欒水見之癹天乃夫字之誤戰國魏策論衡死僞篇並作夫夫字屬上讀此誤作天者失其讀因誤其字也

誤增不字例

嚴校舊本多作不多於文義悖
畢校引楊注

古書簡與文義難明後人率臆增益致失其眞比比者皆是乃有妄增不字致與古人意旨大相刺謬者管子法法篇畫而不意故能疑神疑神猶言如神形勢篇曰無廣者疑神是其證也後人不曉疑神之語改作故不能疑神失其旨矣又君臣上篇法制有常則民散而上合與上文治國無法則民朋黨而下比相對爲文散者散其朋黨也後人不曉民散之語改作則民不散而上合失其旨矣又商子修權篇故多惠言而尅其賞此謂口惠而實不至也故與數加嚴令而不致其刑相對爲文後人不曉改作不多惠言失其旨矣呂氏春秋淫辭篇罪不善善者故爲畏此故字當讀爲胡胡與故古字通用言所罪者止是不善者則善者胡爲畏也楊倞注荀子解蔽篇引論衡正作善者胡爲畏是其證後人不曉改作善者故爲不畏失其旨矣凡此之類皆後人妄加致與古人立言之旨南轅而北轍善

讀者宜體會全文訂正其誤不可爲其所惑也

莊子一書文章超妙讀者不得其用筆之意拘牽文義妄加不字甚多如胠篋篇然則鄉之所謂知者乃爲大盜積者也此卽上文而斷之下曰故嘗試論之世俗所謂知者有不爲大盜積者乎所謂聖者有不爲大盜守者乎又承此而推言之與此文不同讀者誤據下文於此文亦增不字作不乃爲大盜積者也則文不成義矣又天道篇世人以形色名聲爲足以得之夫形色名聲果足以得彼之情則知者不言言者不知而世豈識之哉四十二字一氣相屬今妄增不字作果不足以得彼之情則不相屬矣達生篇世之人以爲養形足以存生而養形果足以存生則世奚足爲哉二十五字亦一氣相屬而字當讀爲如今妄增不字作而養形果不足以存生則不相屬矣凡此皆拘牽文義者所爲也

賈子屬遠篇、故陳勝一動而天下振、言天下爲之振動也、今作天下不振失之、淮南子原道篇、夫內不開於中、而强學問者、入於耳而不著於心、此言道聽而塗說也、今作不入於耳失之。於是知不善讀書而率臆妄改、皆與古人反脣相譏也、

楊子法言學行篇、川有瀆山有獄高而且大者、衆人所能踰也、又曰使我紆朱懷金、其樂可量也、從文選注訂正此兩也字、均當讀爲邪、古也邪字通用、衆人所能踰也、言不能踰也、其樂可量也、言不可量也、學者不達古語、妄加不字、作衆人不能踰也、其樂不可量也、淺人讀之、似乎文從字順、而實則翩其反矣、

列子仲尼篇、不治而自亂、亂治也、謂不治而自治也、與下文不言而自信不化而自行一律、今作不治而不亂、此則臆改而非妄加、然其失當則亦

同科

古書疑義舉例卷七終

二十四年十月三日閱畢　少咸

雙流李天根校字